Jennifer Strickland
Du bist einzigartig

Über die Autorin

Jennifer Strickland tourt mit ihrer „Girl Perfect"-Kampagne durch die USA, um Mädchen und Frauen zu ermutigen, ihren wahren Wert zu entdecken. Sie ist verheiratet und Mutter von drei Kindern. Zuletzt erschien bei Gerth Medien ihre Biografie „Bekenntnisse eines Topmodels". www.jenniferstrickland.net

Jennifer Strickland

DU BIST

EINZIGARTIG

Entdecke, wie genial Gott dich gemacht hat

Aus dem Englischen von Ilona Mahel und Bettina Hahne-Waldscheck

GerthMedien

Inhalt

Für Caris und April,
die meine Arme hochgehalten haben.

Danksagung

Meine eigene Lebensgeschichte war es, die dieses Buch geschrieben hat. Viele wunderbare Menschen haben an der Entstehung von „Du bist einzigartig" mitgewirkt. Doch Gott war es, der mir gezeigt hat, was seine Botschaft an junge Frauen ist, und ich bin ihm zutiefst dankbar dafür. Diese Botschaft hat meine Selbstwahrnehmung verändert und mir die Kraft gegeben, jungen Frauen dabei zu helfen, sich selbst mit anderen Augen zu betrachten.

Mein Mann Shane war entscheidend an der Entstehung dieser Botschaft beteiligt. Gott hat ihn eingesetzt, um mir seine Botschaft zu verdeutlichen. Deshalb unterstützt Shane mich in allem, was mit diesem Buch in Zusammenhang steht. Er beschwert sich nie über die Opfer, die das für ihn erfordert. Seine Eltern, Larry und Linda, haben sehr viel Zeit, Energie und Liebe investiert, damit meine Arbeit entstehen konnte. Unsere Kinder Olivia, Zachary und Samuel haben einen großen Einfluss auf mich gehabt, weil ich durch sie immer wieder gelernt habe, demütig zu sein. Sie haben mir außerdem die wahre Bedeutung von Schönheit gezeigt.

Meine Eltern, George und Jan, haben eine Menge Stürme gemeistert, die schließlich einen Regenbogen haben entstehen lassen, und der schimmert auf den Seiten dieses Buches immer wieder durch. Und mein enthusiastisches Team – Caris Leidner, April Cousens, Faith Stansky, Rachel Dee Turner, Jan Alexander,

Megan Carter und Alaina McLemore – hat all dies durch Gebet, Durchhaltevermögen und viel, viel Geduld zusammen mit mir möglich gemacht. Jede hier genannte Person hat einen Anteil an dieser Geschichte und kann stolz darauf sein; es ist genauso ihre Geschichte, wie es auch meine ist.

Dieses Buch ist für Mädchen und junge Frauen und viele Menschen haben daran mitgewirkt, ohne zu wissen, dass ich dabei an sie gedacht habe. Vielen Dank an Rashelle, Brittany, Britt, Caroline, Carissa und Katie: Während des Schreibens habe ich an euch in der Phase eures Lebens gedacht, in der ich euch am besten gekannt habe: Als ihr jung wart und mühevoll euren Platz in dieser Welt gesucht habt.

Vielen Dank an die Frauen, von deren Lebenserfahrung ich profitieren konnte: Devi Titus, Tracy Levinson, Gayle Novak, Val Christner, Polly Wright, Kaylie Biggs und Leah Springer. Ganz großen Beifall verdienen auch Casey Norr, Erin Hamway, Liz Winter und viele andere, die viel Zeit für Fahrdienste und Ähnliches geopfert haben, damit ich als Mutter Zeit zum Schreiben hatte.

Und zu guter Letzt: Dem Team bei Harvest House, insbesondere Bob Hawkins, Jr., Larae Weikert, Kathleen Kerr sowie meinem treuen Agenten Greg Johnson: Vielen Dank! Ihr habt meinen Traum wahr werden lassen. Ihr habt daran geglaubt, dass diese Botschaft für Mütter *und* Töchter wichtig ist. Durch „Du bist einzigartig" verbindet ihr die Generationen.

Die erste Lüge:
Du bist das, was ein Junge oder ein Mann von dir denkt

Ich dachte immer,
ein Prinz sei die Antwort auf alles, aber jetzt weiß ich,
dass selbst ein Prinz einen König braucht.

Auf der Suche nach dem Prinzen

Jede junge Frau ist auf ihre besondere Weise unbezahlbar, ob sie sich dessen bewusst ist oder nicht. Doch fast alle von ihnen wirken etwas unbeholfen: Ihre Kleider sind zu eng, zu freizügig oder zu unbequem; ihr Make-up ist zu gewagt, die Haare überfrisiert und ich wünschte, ich könnte sie einfach in all ihrer Natürlichkeit sehen. Doch im Moment stehen sie still in einer Reihe, aufgestellt wie bei einem Schönheitswettbewerb. Sie alle machen ein tapferes Gesicht. Schließlich war es ihr Wunsch, bei diesem Spiel mitzuspielen. Es ist ein Spiel, das seltsamerweise ihre Herzen *einem* Mann öffnet – und den Millionen von Fernsehzuschauern, die das Ganze mitverfolgen.

Als der junge Mann nach vorne kommt, halten alle Frauen den Atem an: Der Prinz ist da, und mit ihm das Silbertablett voller roter Rosen. Diejenigen, denen eine Rose gereicht wird, dürfen bleiben und das Spiel um sein Herz weiterspielen; die, die keine Rose bekommen, sind draußen. Während er die Rosen eine nach der anderen den ausgewählten Frauen überreicht, werden einige von ihnen unruhig. *Wer ist die Nächste? Wird er mich wählen? Bin ich die Letzte? Sieht er auf mein Herz? Mag er eine andere lieber? Bewundert er mich, so wie ich ihn bewundere?*

Wenn eine Frau eine Rose bekommt, hellt sich ihre Miene auf: Denn sie wird damit für wunderschön erklärt, liebenswert und attraktiv. Und dafür bekommt sie Beifall.

Wenn eine Frau keine Rose erhält (was natürlich viel öfter vorkommt, da am Ende des Spiels nur eine von vielen übrig bleibt), gibt es einen tränenreichen Abschied. Meist fragt sie sich dann: *Was stimmt nicht mit mir? Warum sieht er meine innere Schönheit nicht?*

Wenn ich all diese junge Frauen sehe, die so viel Potenzial in sich haben, die so hungrig nach Bestätigung durch den einen Mann sind und voller Sehnsucht nach der einen roten Rose, die ihren Wert darstellen soll, dann sehe ich auch ihre Verletzlichkeit. Vielleicht sollte ich über diese jungen Frauen und diese Fernsehshow den Kopf schütteln. Aber stattdessen mache ich mir ernsthaft Gedanken über sie. Ich weiß nämlich: Innen drin sind wir alle gleich.

Ein Mann ist nicht dein Spiegel. Und wenn du zulässt, dass er das doch ist, wirst du nur ein verzerrtes Bild von dir sehen.

Keine von uns muss sich mit anderen in eine Reihe stellen, um dann mit einer Rose gesagt zu bekommen, dass wir liebenswert oder schön sind.

Männer sind nur Männer, keine Spiegel.

Vielleicht kann ich solche Fernsehshows auch deshalb nur

schwer ertragen, weil sie mich sehr stark an meine eigenen Erfahrungen als Model erinnern. Die Ausgangssituation war immer gleich: Es gab zwar keinen jungen Mann mit einer Rose, aber es gab einen Mann (Fotograf oder Auftraggeber) und ein Raum voller Mädchen, die alle um sein zustimmendes Nicken konkurrierten.

Ich möchte so gerne durch den Bildschirm springen, diese jungen Frauen schütteln und ihnen sagen: *Hey, seine Zuneigung oder Abneigung sagt gar nichts über dich aus! Sein Verlangen nach dir macht dich nicht liebenswert oder schön! Und sein mangelndes Verlangen heißt nicht, dass du minderwertig oder hässlich bist! Dein Wert ist nicht von seiner Meinung über dich abhängig!*

Aber ich kann nicht durch den Bildschirm springen. Stattdessen sage ich dir diese Wahrheit: Ein Mann ist nicht dein Spiegel. Und wenn du zulässt, dass er das doch ist, wirst du nur ein verzerrtes Bild von dir sehen.

Was haben Märchen nur an sich, dass so viele Frauen deren verführerische Lügen glauben?

Bevor die Prinzessin den Prinz trifft, ist sie nur ein gewöhnliches Mädchen. Verzweifelt, allein, verloren und arm. Sie hat kaum eine Chance, ihrer traurigen Welt zu entkommen. Doch sobald der Prinz auf seinem weißen Pferd herangaloppiert, ändert sich die Sache: Der Prinz bringt Sicherheit und das Elend ist vorbei. Durch ihn wird alles geheilt, was in ihr zerbrochen ist. Er ist die Morgendämmerung ihrer dunklen Nacht. Er schlägt den Feind, der darauf aus war, ihr ihren rechtmäßigen Platz im Königreich zu nehmen. Weil der Prinz bereit ist, für sie zu sterben, wird er zu ihrer Rettung. Wenn er dann vor ihr niederkniet und um ihre Hand anhält, ist sie gerettet von einem trostlosen Leben. In dem Moment, in dem sie seinen Heiratsantrag annimmt, wird sie verwandelt: von einem einfachen Mädchen in eine strahlende Prinzessin – bestimmt für ein wundervolles Leben.

Als junge Frau habe ich an solche Märchen geglaubt. Ich wollte das volle Programm – das Kleid, das Schloss, die Krone, den Prinzen. Aber die wenigen Jungen, die mir in meinem Leben begegnet sind, haben mir immer wieder mein Herz gebrochen. Einer nach dem anderen hat mich entweder verlassen oder abgelehnt oder mich sonst irgendwie enttäuscht.

Diese Jungs waren selber verletzt – ihr Leben war geprägt durch Drogen- und Alkoholmissbrauch, schlechte Erfahrungen in der Schule, falschen Umgang mit Geld oder ein negatives Selbstbild. Aber ich konnte sie nicht von ihren erfahrenen Verletzungen heilen. Obwohl ich versucht habe, ihnen eine Rettungsleine zuzuwerfen, hatten sie entweder nicht genug Hoffnung oder nicht genug Glauben, um danach zu greifen, und ich hatte nicht die Kraft, sie hochzuziehen.

Mit Anfang 20 hatten – ohne dass es mir richtig klar war – die Lügen der Märchen für mich ihren Zauber verloren. Ich hatte angefangen, mich nach anderen Dingen umzusehen, die mir Erfüllung schenken könnten. Genau wie du vielleicht, sehnte ich mich nach verlässlicher Liebe. Aber dennoch beschloss ich, die Welt lieber allein zu erobern. Ich würde meine eigenen Drachen töten. Mein eigenes Schloss bauen. Ich würde selbst meine Träume wahr werden lassen ...

Für mich waren das Vorstellungen, die sich in die Realität umsetzen ließen – zumindest dachte ich das.

Meine Karriere als Model begann, als ich acht Jahre alt war. Ich war ein eher unbeholfenes Kind mit langen Armen und Beinen. Wie sehr ich mich auch abmühte, ich war nie gut in Sport. Ich habe Jazz- und Stepptanz ausprobiert, Gymnastik und Ballett, aber nichts davon hat mir gefallen. In einem hoffnungsvollen Versuch, mir bei meiner Körperkoordination zu helfen, meldete mich meine Mutter zu einer Art Benimmkurs in der örtlichen Modelschule an. Wir beiden waren sehr überrascht, dass es mir gut gefiel. Diese kleine „Schule" wurde zu einem Ort, an dem ich mich wohlfühlte. Ich landete sogar auf ihrer Werbebroschüre. Als ich bei einem Schönheitswettbewerb zur „Miss Fotogen" gewählt wurde und den Preis als „Model mit dem meisten Potenzial" von meiner Modellehrerin verliehen bekam, begann ich mich zu fragen, ob in dem Bereich meine Zukunft liegen könnte.

Während meiner Highschoolzeit hörten meine Mutter und ich immer wieder, dass es nur *eine* richtige Ansprechpartnerin gab, wenn es darum ging, meine Chancen im Modelgeschäft auszuloten: Nina Blanchard, die Königin der Modelagentinnen an der Westküste der USA.

Also kam der Tag, an dem ich – mittlerweile 17 Jahre alt –, mit meinen 1,82 Metern und meinen langen, blonden Locken Ninas Büro betrat. In meinem Kopf kreiste die bange Frage, ob ich angenommen oder abgelehnt werden würde. Ninas Assistenten hielten es für entscheidend, dass ich die Modelkönigin höchstpersönlich treffen sollte, und arrangierten für mich ein Fotoshooting in Hollywood und ein Treffen mit ihr gleich im Anschluss.

Der Fotograf hatte mich gebeten, ein kurzes, enges, schwarzes Kleid mitzubringen sowie eine schwarze Strumpfhose und schwarze Highheels. Meine Mutter und ich kauften das Kleid und ich machte mich auf den Weg zur Wohnung des Fotografen, bei dem das Shooting stattfinden sollte. Eigentlich wollte meine Mutter mich begleiten, aber ich mit meinem Dickkopf redete es ihr schließlich aus. Mein erstes Hollywood-Foto-Shooting machte ich allein – wie alle weiteren Shootings danach auch.

Aber irgendwas war bei diesem ersten Shooting komisch; die Meinung des Fotografen war mir einfach zu wichtig. Ich war extrem süchtig nach Anerkennung und Bestätigung und ich hoffte, dass der Typ hinter der Kamera mir all das geben würde.

Am Abend nach dem Shooting fuhren meine Mutter und ich dann zu Ninas Agentur. „Lass mich mal die Fotos sehen", sagte Nina. Sie wollte Beweise sehen. Über ihre Brille hinweg musterte sie mich mit prüfendem Blick von Kopf bis Fuß. Diese Frau mit den feuerroten Haaren besaß die Macht, meine Träume wahr werden zu lassen – oder sie zu zerstören. Nina beugte sich vor und sagte zu meiner Mutter: „Sie hat Potenzial. Wir wollen sie." Mit ihren langen roten Fingernägeln schob sie uns einen Vertrag zu.

Nina war Teil meiner ersten verführerischen Lüge: Wenn ein Mann oder eine Frau denkt, dass ich wertvoll bin, dann bin ich das auch. Wenn er oder sie denkt, dass ich Potenzial habe, dann ist das auch so. Wenn sie mich wollen, bin ich gewollt.

Nina schickte mich in die Büros der größten Firmen. Sie brachte mich auf das Cover der Magazine *Glamour*, *Seventeen*, *Cosmopolitan* und *Vogue*. Sie machte mich mit den größten Produzenten, Fotografen und Designern der Welt bekannt.

Als ich mit der Highschool fertig war, schickte mich Nina nach Europa. In Hamburg lebte ich in einer Wohngemeinschaft mit anderen Mädchen zusammen, die ebenfalls eine Karriere als Model in Aussicht hatten. Jeden Tag aufs Neue gingen wir von Bewerbungsgespräch zu Bewerbungsgespräch und zeigten den Kunden unsere Mappen mit den Modelfotos, in der Hoffnung, von ihnen gebucht zu werden. Ich fing an, regelmäßig als Model zu arbeiten und füllte meine Mappe mit Fotos von den Aufträgen, die ich bekam. Ich trennte nämlich alle Seiten mit meinen Fotos aus den Magazinen, in denen ich abgebildet war, heraus. Damit wollte ich den amerikanischen Kunden beweisen, dass ich auch auf dem europäischen Markt zurechtkam.

Menschen können zu Zerrspiegeln für uns werden, die unseren Wert falsch widerspiegeln.

Am Ende des Sommers wollte ich gar nicht mehr nach Hause; ich wollte mit den anderen Mädchen weiter modeln, ich wollte auf die Laufstege von Mailand, Paris und New York. Aber ich hatte ab Herbst ein Collegestipendium, also kehrte ich nach Los Angeles zurück. Ich wusste, dass ich auch in Hollywood als Model arbeiten und dort gleichzeitig aufs College gehen konnte. In den folgenden vier Jahren machte ich meinen Abschluss in Journalistik – tief in meinem Inneren wusste ich schon damals, dass ich ein Talent zum Reden und Schreiben habe. Während der Unterrichtszeit modelte ich in Amerika und erschien in Musikvideos, Fernsehwerbung und Modekatalogen, aber sobald die Sommerferien anfingen, flog ich zurück nach Europa. Alle meine Freunde fuhren nach Hause, um sich bei ihrer Familie zu erholen und zu jobben, und ich entdeckte andere Länder und kämpfte um meinen Platz in der Welt der Models.

Obwohl ich mit anderen Models zusammenlebte, verbrachte ich die meisten Tage allein. Ich war immer unterwegs – auf der Straße, in der U-Bahn, im Bus, in der Straßenbahn – zum Shootingset im nächsten Hotel oder in einem Bürogebäude. Ich erneuerte zwischendrin mein Make-up, hielt Kontakt zu meiner Agentur, während die Stylisten mich jeden Tag in eine andere Person verwandelten.

Am Anfang kam mir dieses Tempo noch harmlos vor. Meine Eltern, die keine Ahnung von der schmutzigen Seite des Modelgeschäfts hatten, unterstützten mich enthusiastisch in meiner Karriere. Alle zu Hause feuerten mich an, sie alle sahen das Modeln als meine Chance, die Welt kennenzulernen und dabei Geld zu verdienen. Keiner hörte irgendwelche Alarmglocken läuten oder stellte infrage, ob es tatsächlich gut war, dass eine junge Frau wie ich allein in der Weltgeschichte herumreiste. Und niemand schien zu ahnen, dass die Männer, denen die Agenturen gehörten, auf mich einen großen Einfluss haben könnten.

Im Modelgeschäft ist es Standard, dass junge Frauen andauernd mit Männern allein sind. Gespräche finden oft im Studio oder in der Wohnung des Fotografen statt; und selbst am Set kommt es oft vor, dass der Fotograf das Model mitnimmt an einen Ort abseits vom Rest des Teams. Manchmal waren diese Männer respektvoll, manchmal aber überhaupt nicht. Manchmal machten sie den Models Komplimente, manchmal kamen ihnen nur Flüche und Beleidigungen über die Lippen.

Ich habe mir in der Zeit auch oft selbst wehgetan. Ich wurde offen für Drogen, Alkohol, das Partyleben und Beziehungen, durch die ich am Ende zutiefst verletzt war.

Als ich mit dem College fertig war, ging ich nach Italien, fest davon überzeugt, dass mir der dortige Laufsteg den Weg zum Erfolg öffnen würde. Vor meiner Ankunft tat ich alles mir Mögliche, um den Ansprüchen der europäischen Designer gerecht zu werden und ein paar Pfunde zu verlieren: Ich ging ins Solarium, fastete, schwitzte, ging laufen, machte Yoga, ging noch mehr laufen, fastete noch ein bisschen, nahm Vitamine und Fettverbrenner in rauen Mengen, ließ meine Haare glätten, machte noch mehr Sport, packte meine Sachen und lernte Italienisch.

Ich, ich, ich

In Mailand hatte ich fast sofort Erfolg. Während die anderen Models in meiner Wohngemeinschaft sich von einem kleinen Job zum nächsten hangeln mussten, wussten mich die Agenten von Anfang an zu schätzen. Magazin-Chefs und die Mode-Elite sagten mir, ich könne eins der „Topmodels" werden.

Nach den Fotoshootings wurde ich oft von den beteiligten Männern zum Abendessen oder zum Tanzen eingeladen, das ist im Modelgeschäft üblich. Diese Männer waren meist doppelt so alt wie ich und in meiner Naivität dachte ich, dass sie wegen ihres Alters bestimmt kein romantisches oder gar sexuelles Interesse an mir haben könnten. Ich jedenfalls dachte nicht im Traum an so etwas. Ich wollte einfach das schöne Leben in Italien genießen und hoffte, dass diese Männer meine Karriere vorantreiben würden. Wie dumm ich war zu denken, dass diese älteren Männer keine Gegenleistung von mir erwarten würden. Es kam öfter vor, dass ich höflich, manchmal auch sehr bestimmt, darauf hinweisen musste, dass ich keinerlei Interesse an körperlichem Kontakt hatte.

Einer dieser Männer verhielt sich zunächst wie der perfekte Vaterersatz und versprach, mich zu „beschützen" und als mein Manager in Mailand auf mich „aufzupassen". Er lud mich zu italienischem Essen und Wein ein, kaufte mir schöne Dinge und half mir, meine Karriere voranzubringen. Er schien nur das Beste für mich zu wollen, also erlaubte ich ihm schon bald, eben diese Vaterrolle zu übernehmen. Aber natürlich kam irgendwann der Abend, an dem klar wurde, dass er mehr wollte. Als er mich bedrängte, verweigerte ich mich. Es ist ein Wunder, dass ich ihm entkommen konnte. Aber er hielt immer noch die Zügel meiner Karriere in der Hand und hatte großen Einfluss auf mein Selbstbild. Nach dieser Erfahrung fühlte ich mich schmutzig, wertlos und traurig. Noch nie zuvor hatte ich mich so weit weg gefühlt von zu Hause, von meinen Werten und meiner Erziehung. Ich fühlte mich verloren und niedergeschlagen, allein und verängstigt. Körperlich sah ich nicht mehr aus wie das glückliche, strahlende Mädchen auf meinen Fotos.

Du bist liebenswert. Du bist die Tochter des Königs und kein Mensch kann diese Wahrheit in dir drin wegnehmen.

Mit der Zeit wurde mir klar, dass ich für all diese Männer nur ein *Objekt* war – ein Ding in einer Welt voller Dinge, ein Wegwerfartikel – wie eine Barbiepuppe. Für sie war ich nicht die Tochter oder Schwester oder Freundin von jemandem und schon gar

19

nicht die zukünftige Frau eines anderen Mannes. Das französische Wort für „Model" ist *le mannequin*, was auch „Schaufensterpuppe" bedeutet. Und genau das waren ich und meine Kolleginnen für die meisten dieser Männer: Puppen, an die sie ihre Kleider hängen konnten; Puppen, die sie so aufstellen konnten, wie es ihnen gefiel; Puppen, die sie auseinandernehmen und wegwerfen konnten, sobald es ein neues Modell gab. Wie Dinge aus Plastik, die man kaufen, verkaufen, mit denen man handeln und die man wegwerfen kann, wenn man sie nicht mehr braucht. Wenn sie mich mit Komplimenten überschütteten, fühlte ich mich wunderbar, aber wenn sie mich beleidigten, fühlte ich mich wertlos. Irgendwann fingen die Männer in dem Business an zu erzählen, ich sei hässlich und sähe immer traurig aus. Erst war ich ihre kleine „Entdeckung" gewesen, ihr wertvoller Besitz; und dann plötzlich war ich wie die Zeitung von gestern, die zusammengeknüllt in den Papierkorb wanderte.

Ich war für den König der Mode, Giorgio Armani, auf dem Laufsteg gewesen. Das war der Höhepunkt meiner Zeit als Model. Ich hungerte für ihn; ich musste magersüchtig sein, um auf seinem Laufsteg Erfolg zu haben. Von der Magersucht bekam ich Ausschlag, unter meinen Augen bildeten sich dunkle Ränder und meine Beine waren voller blauer Flecken. Ich sah überhaupt nicht mehr aus wie das Mädchen mit der porzellanfarbenen Haut in meiner Fotomappe.

Glaubst du, die Männer haben mich dann noch zum Abendessen oder zum Tanzen eingeladen? Absolut nicht! Mein „väterlicher" Manager machte sich lustig über die Flecken in meinem Gesicht und an meinem Körper. Er ließ mich fallen und half mir nicht mehr, als sei ich eine Puppe aus Plastik und nicht ein Mensch mit Gefühlen.

Bald danach bekam ich schreckliche Kopfschmerzen verbunden mit Sehstörungen. Der Ausschlag breitete sich über mein gesamtes Gesicht aus – das Todesurteil für die Karriere als Model. Während ich versuchte Armani zu gefallen, wurde mein Körper einem Skelett immer ähnlicher. Es war nichts Schönes mehr daran.

Weil alle mir sagten, dass ich so dünn geworden sei, versuchte ich ein, zwei Wochen lang vernünftig zu essen, ich stopfte mich sogar richtig voll, um wieder an Gewicht zuzulegen. Aber als ich mich dann im Frühling für den Laufsteg zurückmeldete, konnte Armani den halben Zentimeter mehr auf meinen Hüften fühlen. Mit einem kurzen Wink schickte er mich direkt wieder von der Bühne. Die Stylistin zog mir die Laufstegkleidung aus und so stand ich in Unterwäsche in dem riesigen Ankleideraum, völlig fassungslos, bis mir schließlich jemand erklärte, man sei mit mir „fertig".

Als ich von Armani in meine Agentur zurückkam, waren die Männer dort sehr sauer auf mich. Es war meine Aufgabe, ihnen Geld einzubringen, indem ich perfekt aussah, also kam das alles gar nicht gut an. Armani kündigte mir ganz, und auch meine anderen Jobs für den Monat wurden gestrichen – ein Fotograf weigerte sich sogar, mich für einen Fünf-Tage-Job zu bezahlen, und sagte, ich sei magersüchtig, habe Ausschlag, sei unsicher und so hässlich, dass er es nicht ertragen könne, Fotos von mir zu machen.

Mein Agent von der Agentur war stinksauer. „Du siehst total krank aus!", schrie er mich an. „Du siehst so käsig aus wie Mozzarella! Du brauchst mal ein bisschen Sonne!" Dann wandte er sich einem Mädchen zu, das gerade frisch angekommen war, und umgarnte sie mit derselben Aufmerksamkeit, mit der er mich am Anfang bedacht hatte.

Ich hatte all diesen Männern erlaubt, mein Spiegel zu sein, und dabei kam ein Spiegelbild heraus, das mir eine verzerrte Version meiner Person zeigte: Ich war nur so gut, wie sie sagten,

21

und nur so wertvoll wie ihre Meinung über mich. Ich war liebenswert, wenn sie mich mochten, sah gut aus, wenn sie es sagten, und ich war hässlich, wenn das ihre Meinung von mir war. Diese „Krankheit", Männer zu meinem Spiegel zu machen, fing bei mir schon in ganz jungen Jahren an. Schon als Teenager waren Jungs mein Spiegel. In der Highschool und auf dem College habe ich einigen Jungs mein Herz gegeben – und bekam es gebrochen zurück.

Aber als ich etwa Mitte 20 war, passierte noch etwas viel Schlimmeres. Damals suchte ich nach einer Vaterfigur, ohne es wirklich zu merken. Ich hatte zu Hause ja einen Vater – einen guten sogar – aber er wusste nichts von meinen Ängsten, Niederlagen und Unsicherheiten, weil wir einfach nie darüber sprachen. Ähnlich ging es mir mit meiner Mutter: Sie fragte nicht, ich erzählte nichts. Als mich also diese Elternfiguren in der Modelbranche akzeptierten, fühlte ich mich sicher. Wenn sie mich nicht akzeptierten, fühlte ich mich unsicher. Ich suchte bei ihnen nach meinem Wert. Ihre Sichtweise von mir wurde zu meiner eigenen Sichtweise von mir.

Wir sind chaotische Wunderwerke, die einen König brauchen.

Menschen können leider zu Zerrspiegeln für uns werden, die unseren Wert völlig falsch widerspiegeln. Wenn wir ihnen Macht geben, können sie die Art, wie wir uns selbst und die Welt um uns herum sehen, komplett verändern.

Weggeworfen

Zehn Jahre, nachdem ich die Modelbranche verlassen hatte, fing ich an, öffentlich über meine Erfahrungen zu sprechen. An einem Abend war die Schlange der Mädchen, die nach meinem Vortrag mit mir sprechen wollten, besonders lang. Ich sah ein Mädchen, das mich sehr an mich selbst im Alter von 17 Jahren erinnerte: groß, lange blonde Locken und makellos weiße Haut. Sie hatte große Augen wie Bambi, eine schlanke Figur und einen eifrigen, fast hungrigen Blick.

Sie war mit ihrer Mutter gekommen und ich befürchtete sofort, dass dieses Mädchen gekommen war, um mir zu sagen, dass sie gerne Model werden würde. Obwohl ich regelmäßig mit Fragen zur Modelbranche konfrontiert werde, mag ich solche Unterhaltungen nicht besonders. Ich muss solchen Mädchen und manchmal auch den Müttern dann etwas sagen, was sie nicht gerne hören wollen.

Manchmal weise ich in solch einem Fall vorsichtig darauf hin, dass das Mädchen nicht ganz die richtige Figur hat, um Model zu werden, und sich lieber auf Bildung und Sport konzentrieren sollte – was eh besser ist für ein gesundes Selbstwertgefühl. Manchmal sage ich ihnen auch vorsichtig: „Ja, du hast den passenden Körperbau und auch das richtige Aussehen, aber du bist zu wertvoll, um wie ein Stück Fleisch behandelt zu werden. Du solltest deine Gaben und Talente entdecken und sie ausbauen, denn eines Tages wirst du nicht mehr so aussehen wie jetzt und dann ist es besser, wenn du noch etwas anderes hast, auf das du dich stützen kannst! Außerdem: Wenn du in die Modelbranche gehst, wirst du so viel an Anerkennung und Kritik bekommen, das alleine dein Aussehen betrifft, dass du am Ende ganz durcheinander im Kopf sein wirst." (Ich persönlich habe nie mit einem Model zusammengelebt, dem es *nicht* so ging.)

Als das Mädchen dann an der Reihe war und vor mir stand, hielt sie sich die Hände so vor den Körper, als wolle sie sich vor irgendetwas schützen. Sie dankte mir für meinen Vortrag und fing an zu zittern, als sie mir das sagte, für das sie die ganze Zeit in der Schlange gewartet hatte: Erst kürzlich hatte ihr Vater ihr gesagt, sie sei wertlos, hässlich und dumm – und sie dann in den Müll geworfen.

Ungläubig fragte ich noch einmal nach: „Dein Vater hat dich buchstäblich gegriffen und in einen Müllcontainer geworfen?" Ihre Bambi-Augen füllten sich mit Tränen und sie schüttelte sich, als sie zu weinen begann. Ich sah ihr gebrochenes Herz. „Ja, er hat mich gepackt und in einen Müllcontainer geworfen. Ich konnte mich nicht dagegen wehren. Überall auf mir lag Müll, ich kam da nicht raus ..."

Sie sackte zusammen und weinte laut schluchzend; sie war nicht in der Lage weiterzusprechen. Also hielt ich sie im Arm. Ich fühlte, wie mein Herz gegen ihres gepresst wurde und sagte ihr: „Er hatte absolut unrecht mit seiner Meinung über dich, Liebes. Er ist krank und du musst ihm gar nichts glauben. Du bist wertvoll und wunderbar und Gott hat Träume für dich."

Und dann geschah das Unvermeidliche: Die Mutter sagte, die Tochter habe die Möglichkeit, in die Modelbranche einzusteigen, und was ich davon hielte? Sie könnten das Geld wirklich gut gebrauchen ...

Das ist ja eine tolle Idee!, dachte ich ironisch. Nehmen wir das kleine verwundete Reh und schicken es raus aufs Feld, wo schon ein Rudel von Wölfen auf sie wartet. Vielleicht können wir so ein bisschen Geld machen! Nehmen wir dieses junge Mädchen, das verzweifelt auf der Suche nach ein bisschen Anerkennung von ihrem Vater ist, und stellen es vor ein paar Männer, die vom Alter her seine Väter sein könnten, damit sie das Mädchen bewerten, annehmen, ablehnen, versuchen, Sex mit ihm zu haben, ja, die versuchen, mit ihm Oben-ohne- oder gar Nacktbilder zu machen!

Ja, wirklich – eine brillante Idee! Dieses Mädchen – nennen wir sie hier mal Mia – hat ein Riesenloch in ihrer Seele. Ihr Vater hat ihr nicht nur gesagt, dass sie hässlich und wertlos ist, sondern er hat sie auch noch in einen Container voll mit stinkendem Müll geworfen, wo sie schmutzig und schluchzend lag und in ihrem Inneren zutiefst verletzt wurde. Also vielleicht werden die Männer in der Modebranche ihr ja wieder ein Selbstwertgefühl geben, indem sie Fotos von ihr im Badeanzug oder im Pelzmantel machen und ihr jeden Tag Tausende von Dollar zahlen, damit sie lächelt und hübsch aussieht und so tut, als sei alles in bester Ordnung!? Vielleicht ist es wirklich das Beste, wenn ihr beigebracht wird, eine Maske zu tragen?! Kann jemand sie bitte mal eben hübsch schminken und ihr sagen, dass sie hübsch ist, damit sie sich besser fühlt???

In mir drin weinte ich und kochte vor Wut.

Wie wäre es mit Seelsorge? Einem guten Pastor? Einer Jugendgruppe? Einem Hobby? Oder noch besser: Lange Spaziergänge mit einer gesunden, vernünftigen Mutter, die den Lügen des Vaters die Wahrheit entgegensetzen kann. Im Idealfall kann die Mutter ihr helfen, wieder Selbstvertrauen zu gewinnen, während Jesus sanft den Dreck von ihr abbürstet. Wie wäre es damit, ihr zu erklären: *In Gottes Augen war das eine Sünde und kein Mann wird je wieder die Gelegenheit bekommen, dich auf den Müll zu werfen, Liebes. Dafür werde ich sorgen!* Stattdessen dachte die Mutter, dass die Modebranche helfen kann! Ich entschuldigte mich für einen Moment bei der Tochter, nahm die Mutter beiseite und fasste sie freundlich, aber bestimmt, bei den Schultern. Ich sah ihr in die Augen und sagte unmissverständlich: „NEIN."

„Man kann da so leicht Geld verdienen ... Ich dachte halt, dass es eine gute Chance für sie wäre ...", erwiderte die Mutter zögernd.

Hmm – auch mit Prostitution kann man viel Geld verdienen. Und auch da hat man dann viele Möglichkeiten.

Was Mia braucht – und was jede Tochter wissen sollte – ist, dass sie es wert ist, geliebt zu werden. Du bist ein kostbarer

Edelstein. Du bist *nicht* wertlos, und du musst dich nicht darüber definieren, was Jungs oder Männer von dir denken. Gott gibt vor, wer du bist: Die Tochter eines Königs und kein Mensch kann dir diese Wahrheit wegnehmen!

Gerettet

Ich hatte meinen persönlichen Tiefpunkt, ehe ich diese Wahrheit entdecken durfte. Nachdem mich meine Modelkarriere erst nach Mailand zu Armani gebracht hatte, zog ich von dort nach München. Jeder riet mir, vor meinem Abschied aus der Branche noch so viel Geld wie möglich zu verdienen. Mädchen können mit dem Modeln für deutsche Kataloge eine Menge Geld verdienen, also ging ich nach Deutschland.

Meine Mitbewohnerin in München war ein Unterwäschemodel – und emotional so kalt wie die vereisten Bürgersteige, über die ich jeden Tag dahintrottete und nach Arbeit suchte.

Sie teilte sich keine Decke mit mir; keine Tasse, keine Schüssel; und sie setzte sich auch nicht zu mir, um mit mir zusammen zu essen. Also saß ich Abend für Abend allein am Esstisch. Ich bewegte mich zwischen Hungern und Fressattacken, manchmal soff ich mich in den Schlaf, blieb stundenlang im Bett, während die Stimmen in meinem Kopf mein Selbstwertgefühl auseinanderrissen. Dämonische Kräfte pusteten mir Lügen über Lügen in meinen Kopf: *Ich bin hässlich; ich bin wertlos; niemand will mich; es gibt keinen Ausweg.* Solche Gedanken drehten sich in meinem Kopf ständig im Kreis.

Eines Abends war es einfach zu viel für mich. In einem Moment stiller Verzweiflung dachte ich, ich müsste jetzt sterben. Aber in dieser dunklen Stunde kam mir meine Mutter in den Sinn und die Menschen, die mich liebten. Ich entschied mich, nicht zu sterben, in der Hoffnung, dass meine Seele noch mal die Kurve kriegt.

Als ich am nächsten Morgen aufwachte, hörte ich eine Stimme, glasklar, die aus Richtung meines Fensters kam. Sie sagte: „Jennifer, steh auf!"

Erschrocken fuhr ich hoch und sah mich um, konnte aber niemanden entdecken, also legte ich mich wieder hin. Ich wollte nicht aufstehen. Im Bett war es so schön warm.

„Jennifer, steh auf!", sagte die Stimme wieder.

Dieses Mal schnellte ich förmlich hoch. Ich stand auf. An dem Tag beschloss ich, nicht zu irgendwelchen Vorstellungsgesprächen zu gehen.

In München schlängelt sich die Isar wie ein eisblaues Band durch eine smaragdgrüne Landschaft. Im Englischen Garten gibt es einen riesigen Pavillon auf einem Hügel, wo sich Leute abends treffen, den Sonnenuntergang betrachten, Musik hören und picknicken. Ich beneidete diese Leute. Ich war neidisch auf das Essen, das sie so selbstverständlich zu sich nahmen. Ich beneidete sie um ihre Freundschaften und ganz besonders um ihr Lachen.

Ich entschied mich für einen Platz am Fuß einer der Säulen des Pavillons, um von dort die Musik hören zu können. Hinter mir sang ein Mann zur Gitarre, seine Stimme war hoch und angenehm. Ich drehte mich zu ihm um und er griff in einen alten Karton und holte ein Neues Testament für mich hervor.

Das Cover war saphirblau und war mit einem goldenen Schriftzug versehen. Ich nahm das Buch in die Hand. Es war eine deutsche Ausgabe.

Er und seine Freunde sprachen nur wenig Englisch. Ein Mädchen namens Miriam spielte Tamburin, dann war da noch ein witziger Typ, der Stephen hieß, und Michael, der mit der Gitarre. Als sie merkten, dass ich allein unterwegs war, waren sie so nett, mich bis zum Ausgang des Parks zu begleiten, als ich nach Hause wollte.

Wir blieben stehen, weil diese Fremden für mich beten wollten. Völlig irre! Sie fragten, ob ich Lust hätte, am nächsten Freitag mit ihnen in die Gemeinde zu gehen. Ich hatte nicht das Gefühl, dass es irgendjemanden sonst in Europa gab, der sich dafür interessierte, wie es mir ging, also ging ich hin.

In dieser Gemeinde sahen mir Menschen in die Augen. Sie sahen nicht meinen Körper oder meine Maße oder meine Haut oder irgendwelche Fotos. Sie sahen mein Inneres. Ich konnte kein Wort verstehen, weil sie alle Deutsch sprachen, aber das war egal. Sie sahen mein Herz und gaben meiner Seele Nahrung. Als ich zum dritten Mal da war, kam ein Mädchen namens Naomi zu mir gerannt und hielt mir total aufgeregt ein kleines Buch entgegen.

„Jenny-fair! Jenny-fair! Ich habe eine englische Bibel für dich gefunden!", rief sie und strahlte.

Die abgenutzten, dünnen Seiten fühlten sich gut an. Ich steckte das Büchlein in meine Tasche und nahm es mit nach Hause.

Abends in meiner Wohnung wurde ich neugierig auf das Buch. Irgendwie zog es mich förmlich an. Ich hatte Sehnsucht nach lebendigen Worten; am Ende warf ich sogar meine Drogen ins Klo, um mich nur noch auf die Bibel konzentrieren zu können.

Als ich darin las, war ich sofort begeistert von der Art, wie Jesus die Menschen berührte, die unsere Welt nicht berühren möchte. Ich war sehr berührt davon, wie er die Schwachen, die Zerbrochenen und die Verwirrten liebte. Es kam mir so vor, als hätte ich schon mein Leben lang darauf gewartet, ihn zu treffen. Ab da hatte ich das kleine Buch immer bei mir und las es im Zug, wenn ich vor Interviews wartete, und abends zu Hause. Drogen und Alkohol waren ab nun passé, stattdessen wurde das Wort Gottes zur Nahrung für mich. Es brannte mich nicht aus, wie Drogen das tun; es erleuchtete mich – immer wieder neu.

Bei Kerzenschein las ich den größten Teil des Matthäusevangeliums. Dann packte ich meine Sachen für ein Wochenende. Ich wollte einmal weit weg von Kameras und Menschen. Ich machte mich auf den Weg zur Zugspitze, den höchsten Berg Deutschlands, und mietete mich in einer kleinen Pension ein, um in der Bibel zu lesen. So saß ich in meinem Zimmer am Schreibtisch und sah draußen die Schneeflocken fallen. In eine dicke Decke gekuschelt las ich die Geschichte vom Ende des Lebens Jesu.

Auf den Seiten dieses kleinen Buches entdeckte ich in jenen Tagen einen Mann, der mich liebte, obwohl ich die Erwartungen anderer so oft nicht erfüllte. Ich entdeckte einen Mann, der mich so annahm, wie ich bin. Einen Mann, der mir die Freiheit von der Sklaverei durch die Meinung anderer Menschen anbot. Ich entdeckte einen Prinzen auf einem weißen Pferd, und einen König, der mich nie verlassen wird.

Nur die Liebe Gottes kann ein totes Mädchen zum Leben erwecken.

Hoch oben auf dem Berg, umgeben von einer Decke aus blütenweißem Schnee, legte ich mich auf den Boden meines Zimmers und öffnete Jesus mein Herz. Ich wusste nicht viel über den Glauben. Ich wusste nur, dass ich den gefunden hatte, den meine Seele liebt und dass er meine einzige Hoffnung ist. Dort, umgeben von einer verschneiten Landschaft, öffnete ich das Fenster meines Herzens und bat Jesus darum, hereinzukommen und mich neu zu machen.

Nach fünfzehn Jahren, die ich in der Modebranche gearbeitet hatte, packte ich meine Sachen und verließ sie für immer. Ich musste niemandem erklären, warum ich ging. Ich ging einfach weg von einer Welt, die mir sagte: *Ich sage dir, wer du bist. Du tust das, was ich dir sage. Und ich bin mit dir fertig, wenn ich mit dir fertig bin.*

Jetzt war ich dran mit Sprechen, und als ich ging, sagte ich: *Für mich ist das hier alles andere als schön. Ich mache mich jetzt auf die Suche nach der wahren Schönheit.*

Der Märchenprinz

Ich nahm das Geld, das ich mit dem Modeln verdient hatte, um am College meinen Master-Abschluss im Schreiben zu machen. Schreiben hatte ich schon immer gemocht und jetzt war ich wild entschlossen, diese Begabung zu nutzen, um anderen Mädchen klarzumachen, dass die Medien einem nur die Illusion von Schönheit präsentieren. Ich wollte ihnen Schönheit und Werte zeigen, die wirklich halten. Fast vier Jahre lang las ich in der Bibel, schrieb und verdiente Geld, indem ich Englisch unterrichtete. Und dann traf ich meinen Märchenprinzen.

So verrückt es auch klingt: Mir wurde klar, dass er es ist, als wir am Strand in Mexiko entlangritten. Mein Bruder war mit seiner Freundin übers Wochenende weggefahren und fragte mich, ob ich mitkommen und noch jemanden einladen wollte. Ich war davor einmal mit Shane ausgegangen und voller Nervosität bat ich meinen Bruder, ihn mitbringen zu dürfen.

Shane zog extra neue Reifen auf sein Auto, um sicherzugehen, dass wir gut ankamen. Er fuhr uns die ganze Strecke hinunter nach Mexiko und spielte dabei den DJ. Als wir ankamen, hatte ich so viel gelächelt und gelacht wie seit Langem nicht mehr. Ich wusste, dass ich die richtige Entscheidung getroffen hatte, indem ich Shane als Begleitung ausgewählt hatte. Nur eine Sache ging gar nicht: Als wir am Ziel waren, stellte Shane nur ein Zelt auf und mir wurde klar, dass ich in einer unschönen Lage war – nie im Leben würde ich als christliches Mädchen mit diesem Typen in einem Zelt schlafen! Musste ich auch gar nicht. Wir gingen am Strand spazieren und redeten bis zum Sonnenaufgang miteinander und machten Frühstück, ohne auch nur eine Minute geschlafen zu haben. Den nächsten Tag verbrachten wir damit, Quad zu fahren und später am Nachmittag gingen wir dann Reiten.

An diesem speziellen Strand waren die Pferde, die man mieten konnte, müde, langsam und ausgemergelt. Ihr geflecktes und scheckiges Fell bebte und schwitzte, während sie Touristen auf ihren Rücken durch die Gegend trugen. Als Shane und ich uns diese traurige Vorstellung ansahen, flüsterten wir einander zu: „Ob wir die Pferde wohl zum Galoppieren kriegen können?" Als wir dran waren, stiegen wir auf und preschten los. Die Pferde gingen ab wie ein geölter Blitz!

Als die Leute am Strand diese ausgemergelten Pferde im vollen Galopp auf sich zurasen sahen, ergriffen sie die Flucht. Shane nickte mir lächelnd zu und deutete auf ein paar Inseln in der Ferne und wir machten uns auf in Richtung Horizont. Das Wasser spritzte in kristallfarbenen Tropfen hoch und der Wind nahm uns unter seine Fittiche. Shane ritt auf einem weißgefleckten Hengst und dachte wohl: *Ich bin ein Cowboy. Ich weiß, wie man reitet, und diesem Mädel aus Kalifornien werde ich es zeigen.* Aber als er sich umsah, um zu überprüfen, wie weit er mich schon hinter sich gelassen hatte, war ich direkt neben ihm.

Das goldene Licht der Sonne fiel auf seine Wangen. Ich sah die Sonne auf seinem Gesicht und mein Herz machte einen Sprung. Ich wusste, ich hatte meinen Prinzen gefunden. Als ich wieder zurück von dem Wochenendausflug war, schrieb ich meiner besten Freundin eine E-Mail: „Ich habe einen Typen namens Shane kennengelernt. Wir sind zusammen am Strand ausgeritten und ich werde ihn heiraten."

„Mach mal langsam", schrieb sie zurück. „Das Leben ist doch keine Seifenoper!"

„Doch, wir heiraten!", antwortete ich. Ich hatte keinerlei Absicht, langsam zu machen und Shane ebenso wenig. Als wir aus

Mexiko zurück waren, fragte er mich, wann er mich wiedersehen könne. Ich schlug den nächsten Freitag vor. Er antwortete: „Ich meine, wann kann ich dich *morgen* sehen?" Wir trafen uns an jedem der darauffolgenden Tage.

Vierzehn Jahre später nennt er mich immer noch seine Braut.

Nichts davon wäre möglich gewesen ohne Jesus Christus, der in die dunkelste Ecke meines Herzens gekommen ist und mir ein komplett neues Leben angeboten hat. Und er hat noch ein Wunder vollbracht, indem er auch Shane gerettet hat. Wir beide sind zwei chaotische Wunderwerke Gottes, die Gott als ihren König angenommen haben.

Wenn wir versuchen, unseren Partner zu unserem Fels, zu unserer Basis, unserem Anker zu machen, werden wir von den Stürmen des Lebens nur hin- und hergerissen werden. So wunderbar ein Prinz auch sein kann: Auch er braucht einen Fels. Jungs und Männer sind genau so sehr auf der Suche nach Antworten wie wir. Auch für sie gilt: Kein Mensch ist unser Spiegelbild. Das ist allein Gott.

Die erste Wahrheit:
Du bist eine geliebte Tochter

Meine Tochter, dein Glaube hat dir geholfen.
Markus 5,34

Der Mann als Spiegel

Im Märchen ist es so, dass die Liebe des Prinzen das Leben des Mädchens auf wundersame Weise verwandelt. Aber die meisten Prinzessinnen aus den Disney-Filmen hätten auch alleine ihr Leben meistern können. Sie waren entweder schon adeliger Herkunft, bevor sie den Typen auf dem weißen Pferd je gesehen hatten oder wurden geliebt. Dornröschen zum Beispiel. Sie war bereits eine Prinzessin und hatte Eltern, die sie über alles liebten. Auch Schneewittchen mit ihrer grässlichen Stiefmutter hatte einen König zum Vater. Belle aus „Die Schöne und das Biest" war eine geliebte Tochter und es war die Liebe zu ihrem Vater, die sie zu ihrem Prinzen führte. Sie wurde geliebt und geschätzt. Sie alle besaßen wahre Schönheit und hatten eine große Zukunft vor sich – bevor der Prinz sie mit sich nahm.

Die Märchen wollen uns glauben lassen, dass der Prinz die Macht hat, Mädchen zu Prinzessinnen zu machen. In *ihm* allein soll das Versprechen liegen, dass alles gut werden wird. Aber so läuft das nicht mit richtigen Prinzessinnen. Ihr Erbe ist ihnen sicher. Das hat nichts mit dem Prinz zu tun, sondern mit der Abstammung von einem König – von Gott.

Als ich *Bekenntnisse eines Topmodels*, mein erstes Buch über meine Modelerfahrungen, schrieb, bin ich alle meine Tagebucheinträge aus der Teenagerzeit durchgegangen. Ich hatte die Hoffnung, etwas darüber zu erfahren, wie ich mich gefühlt habe, als ich mit 17 meinen ersten Vertrag bekam und welche Träume ich hatte, als ich dann nach Europa ging. Aber das Modeln kommt in den Tagebucheinträgen eigentlich so gut wie gar nicht vor. Seite für Seite, Buch für Buch war es immer dasselbe: „Luke hat mich gefragt, ob ich mit ihm tanzen gehe! Ich bin so aufgeregt! Ich glaube, er mag mich wirklich!" Später dann: „Ich bin so sauer auf Luke. Er hat mich nach seinem Spiel nicht mal angeguckt. Er hat SCHON WIEDER nur mit Carla geredet! Sie ist so hübsch. Ich weiß, dass er sie lieber mag als mich." Oder: „Ich glaub, ich mag Danny. Er hat mich auf dem Schulhof so angeguckt. Ich hoffe so, er fragt mich, ob ich mit ihm zum Abschlussball gehe!!!! Ich wäre so happy!" ... Und: „Ich kann nicht fassen, dass Danny Julia gefragt hat, ob sie mit ihm zum Abschlussball geht! Ich bin so sauer! Ich frage mich: *Was stimmt denn bitte mit mir nicht? Bin ich nicht hübsch genug? Was ist bloß los?* Ich bin völlig fertig!!!"

Und so ging die Achterbahnfahrt immer weiter, durch die Collegezeit hindurch ... bis ich die Fahrten satthatte.

Gott ist unser Schlupfloch, in dem wir uns bei Sturm und Regen verstecken können.

Viele von uns werden durch einen Verlust dazu gebracht, nach Liebe zu suchen, die wir eigentlich schon besitzen. Unser kaputtes Inneres lässt uns denken, dass ein Mann alles wieder-gutmachen kann. Wir glauben fast alle die Lüge, dass eine blü-hende Zukunft für uns beginnt, wenn wir unseren Traumprin-zen gefunden haben und ihn heiraten. In vielerlei Hinsicht ist die Ehe ein wichtiger Anfang. Aber wenn wir unseren Traum-prinzen heiraten, sind wir dadurch nicht auf einmal liebens-werter, hübscher oder für eine bessere Zukunft bestimmt als vor dem Tag, an dem wir unseren Prinzen getroffen haben. Frag einfach mal eine Frau, die eine Scheidung durchgemacht hat oder eine Frau, die eine unglückliche Ehe führt. Frag mal eine Frau, deren Mann gestorben ist oder sie betrogen hat. Frag einfach eine Frau, die ihren wahren Wert schon lange vor ih-rem Hochzeitstag kannte. Du wirst herausfinden, dass Männer uns nicht unseren Wert geben. Unser Wert gehört uns, uns ganz allein.

Wenn wir nicht länger zulassen, dass Männer unsere Spie-gel sind, und stattdessen Gott und die Bibel als Spiegel neh-men, wird klar, dass Menschen keinen Bestand haben. In der Bibel steht nämlich, dass Menschen nur ein Hauch sind. Kaum sind sie da, sind sie auch schon wieder weg (Jakobus 4,14). In den Psalmen stellt David die Frage: „Herr, was ist schon der Mensch! Warum schenkst du ihm überhaupt Beachtung? Wa-rum kümmerst du dich um ihn? Sein Leben ist vergänglich und gleicht einem Schatten, der vorüberhuscht" (Psalm 144,3–4). Und Jesaja schreibt: „Die Menschen sind wie das Gras, und ihre Schönheit gleicht den Blumen: Das Gras verdorrt, die Blumen verwelken, wenn der Herr seinen Atem darüber wehen lässt. Ja, nichts als Gras ist das Volk" (Jesaja 40,6–7). Gott kann buchstäb-lich seinen Atem so über uns wehen lassen, dass wir davon ster-ben müssen.

Gott jedoch ist ewig. Er hat Bestand und ändert sich nicht. Es ist ihm wichtig, uns wissen zu lassen, dass er *kein* Mensch ist.

„Gott ist kein Mensch, der lügt. Er ist nicht wie einer von uns, der seine Versprechen bald wieder bereut. Was er sagt, das tut er, und was er ankündigt, das führt er aus" (4. Mose 23,19).

Jungs sind fähig, Versprechen zu geben und dann nicht zu halten. Sie können Fehler machen, uns enttäuschen. Sie können ihre Meinung ändern, uns verlassen und sich für eine andere entscheiden. Und selbst die tollsten und treusten Männer haben keinen Bestand, da sie Menschen sind und sterben.

Gott jedoch verlässt uns niemals. Er enttäuscht uns nie, ändert nie seine Meinung über uns und betrügt uns nicht. Er fällt niemals. Gott ist unser Verbündeter, unsere Festung, unser Retter, unser Schutzraum, unser Turm, unser Zufluchtsort, unser Schutz vor der Hitze des Tages, unser Schlupfloch bei Sturm und Regen (Psalm 144,1–2; Jesaja 4,6).

Menschen sind nicht dafür bestimmt, dass sie all dies für uns sein können. Jungs sind nicht dafür gemacht, dein Fels, dein Zufluchtsort oder dein Versteck zu sein. Manchmal kann es sich so anfühlen, als könnten sie dies, aber sie können die Rolle nicht für immer ausfüllen. Jungs und Männer können ein gutes Bild für einen liebenden Gott sein, aber sie sind nicht die Basis für unsere Sicherheit.

Gott ist nicht wie ein schlecht beleuchteter Spiegel; er ist das perfekte Spiegelbild.

Das natürliche Bedürfnis nach männlicher Anerkennung wird ungesund, wenn wir von einem Mann erwarten, dass er uns komplette Sicherheit gibt und wir unser ganzes Vertrauen auf ihn setzen. Wir sind enttäuscht, wenn ein Mann uns das nicht bieten kann. Er wird so zu einem Zerrspiegel für uns. Zudem noch ein ganz schön verdreckter Spiegel. Wir haben ihm einfach viel zu viel Macht eingeräumt.

Aber wenn wir zu dem aufsehen, der unser himmlischer Vater ist, sehen wir es ganz deutlich: Gott ist nicht wie ein schlecht beleuchteter Spiegel, er ist das perfekte Spiegelbild. Wenn wir bei ihm nach unserem Wert suchen, werden wir fähig zu lieben. Unsere Gesichter spiegeln das Herz des Vaters wider und das ist etwas, das für jeden Mann anziehend und schön ist. Es gibt nichts, was für einen Mann anziehender ist als eine Frau, die schon weiß, wer sie ist. Eine Frau, deren Selbstvertrauen, Freude und Glaube unerschütterlich ist, weil alles in einen unerschütterlichen Gott gegründet ist.

Gott als Spiegel

Ich bekomme immer wieder Briefe von Mädchen, die missbraucht, abgewiesen, kleingemacht, belästigt, verlassen oder im Stich gelassen wurden. Ihre Erfahrungen schmerzen sie zutiefst. Wunden, die Männer einem zufügen, können so quälend sein. Durch meine persönliche Geschichte kann ich diese Schmerzen nachempfinden.

Schmerzen, die uns ein Mann zufügt, können über uns bestimmen, wenn wir das zulassen. Wir können uns dazu entscheiden, unser Leben als Opfer zu verbringen. Wir können zulassen, dass der Schmerz, den ein fehlender oder gewalttätiger Vater hinterlässt, unseren Kurs bestimmt, sodass wir am Ende nach einem weiteren Vater suchen, der uns nicht gut behandelt oder uns verlässt. Wir können versuchen, die Papalücke mit Jungs zu füllen, die nicht wissen, wie sie mit unserem Herz umgehen sollen. Und wir können zulassen, dass die gemeinen Worte eines Mannes in unserer Seele Wurzeln schlagen und zu Pflanzen heranwachsen, die alle Lebenskraft aus uns heraussaugen.

Auf der anderen Seite können wir abhängig werden vom Lob durch einen Mann und segeln auf dem fliegenden Teppich seiner Anerkennung und Komplimente durch unser Leben. Und wenn der Zauber dann nachlässt und die Komplimente aufhören, kommen wir plötzlich und hart auf den Boden der Tatsachen zurück.

Ich habe kürzlich in einem Vortrag gesagt, wie schmerzhaft es sein kann, wenn der eigene Vater seine Tochter erniedrigt. In dem Moment, als ich es ausgesprochen hatte, stand im Publikum ein Mädchen auf und lief weinend nach draußen. Im Anschluss an meinen Vortrag sprach ich mit ihm. Das Mädchen erzählte, dass es gerne eine Modelkarriere beginnen wollte, und ihr eigener Vater ihr gesagt hätte, dass sie niemals perfekt genug für die Kamera sein würde.

Hinzu kam, dass er die Familie verlassen hatte. Seine letzten Worte an sie waren: „Du bist eine totale Enttäuschung!" Dieses Wort – *Enttäuschung* – hatte tiefe Wurzeln geschlagen und dieses Mädchen war im Begriff, ihr Leben auf dieser Lüge aufzubauen.

Ich sah ihr in die Augen und sagte ihr, dass ihr Vater sich geirrt hatte. *Er* war die Enttäuschung, nicht sie. Er war derjenige, der die Familie verlassen hatte, nicht sie. Sie war toll und liebenswert und hatte alle Eigenschaften einer Prinzessin – Hoffnung, Träume und eine Zukunft. Dieses Mädchen war eine Kämpferin – im wahrsten Sinne des Wortes. Eine Boxerin, um genau zu sein.

Ich fragte sie: „Wenn du im Ring bist, was tust du, wenn dich jemand ausknockt? Bleibst du dann liegen?"

Ihre Augen füllten sich mit Tränen. „Nein, ich stehe wieder auf."

„Dann steh auf, zieh deine Boxhandschuhe an und sag dir selbst, dass es nicht stimmt, was dein Vater über dich gesagt hat", antwortete ich ihr.

Männer können Dinge sagen, die einfach grundfalsch sind. Ihre Worte können wie Schwerter sein, die sich in unsere Herzen bohren. Beleidigungen durch Männer können die Seele tief verletzen. Aber es liegt an uns zu entscheiden, ob wir das zulassen. Willst du, dass Männer über dich und deine Zukunft bestimmen, oder soll Gott das übernehmen?

Es gibt nichts, was anziehender ist als eine Frau, deren Selbstvertrauen, Freude und Glaube unerschütterlich ist, weil alles in einen unerschütterlichen Gott gegründet ist.

Es gibt Männer in meinem Leben, für die ich den größten Respekt habe, da sie mich auf sehr positive Weise beeinflusst haben. Ich sehe zu ihnen auf und wende mich an sie, wenn ich Rat und Hilfe brauche. Aber ich mache mich nicht abhängig von ihnen. Ich habe gelernt – und diese Männer würden mir da zustimmen – dass Gott die einzig sichere Basis ist, auf die man ein Leben aufbauen kann.

Umgib dich mit Menschen, die dich aufbauen, nicht mit solchen, die dich zu Boden reißen. Oder noch besser: Such dir Männer, die dich auf den Vater im Himmel verweisen, wenn es um deinen Wert geht.

Ein Liebesbrief vom Himmel

Mein geliebtes Kind,

lass dein Bild von mir nicht von Männern formen. Manche Männer spiegeln mein Bild zwar sehr gut wider; sie zeigen Vergebung, Gnade, Geduld, Freundlichkeit und Liebe, die beschützt und hält. Aber manche Männer versuchen, eine neue Version von mir zu erschaffen. Im Spiegel dieser Version wirst du kaum klar erkennen können, wer ich bin. Vielleicht erscheine ich darin unerreichbar, wütend oder weit weg. Vielleicht denkst du dann, dass du nicht gut genug bist oder du dir niemals die Wünsche deines Herzens erfüllen kannst.

Ich möchte, dass du erkennst, wer ich bin, indem du in den Spiegel meines Wortes schaust. Ich bin dein Versorger, deine Sicherheit, dein Schirm, und ich halte ein Schild über dich, auf dem steht: „Geliebt."

Als dein himmlischer Vater wache ich über alles, was du tust. Ich sehe dein Versagen, deinen Schmerz, jeden Sieg, jedes Tal und jeden Berg, den du erklimmst. Wenn der Sturm an deinem Herzen reißt, sehe ich das und fühle mit dir. All das sind Dinge, die dein leiblicher Vater niemals bis ins Detail wissen kann.

Du musst dir meine Anerkennung nicht verdienen. Bevor mein Sohn Jesus je ein Wunder vollbracht hat, bevor er Tausenden zu Essen gegeben hat, bevor er auch nur ein Gleichnis erzählt hat, und lange bevor er ans Kreuz ging, habe ich eine Aussage über ihn gemacht, die ich jetzt auch über deinem Leben ausspreche: „Dies ist mein geliebtes Kind, an dem ich Gefallen habe."

Das ist die Art Leben, die ich für dich möchte, meine Tochter: zu leben in dem Wissen, dass du geliebt bist.

Sieh nicht mehr in den Spiegel, den Männer dir vorhalten. Sieh mich an! Sieh dir dein wahres Spiegelbild an – in dem Spiegel, den ich dir hinhalte.

In Liebe, dein himmlischer Vater

In meinen vielen Gesprächen mit Frauen und Mädchen habe ich festgestellt, dass die häufigsten seelischen Verletzungen durch Väter zugefügt werden. Ich persönlich habe erfahren dürfen, wie Gott die Lücke in meinem Leben gefüllt hat. Als mein irdischer Vater nicht da war, war mein himmlischer Vater für mich da. Als mein irdischer Vater mich nicht verstehen konnte, fand ich Verständnis bei meinem himmlischen Vater. Wo mein

irdischer Vater den Erwartungen nicht gerecht wurde, hat mein
himmlischer Vater sie über alle Maßen erfüllt.

Ich bin schon in jungen Jahren durch die weite Welt gereist
und habe viele Männer getroffen. Ihnen allen war vollkommen
egal, wer ich war. Dieser Schmerz hat mich zu meinem himmlischen Vater geführt. Ich brauchte seinen Schutz, seine Füh-
rung und seine Heilung – und alle diese Dinge hat er mir auch
angeboten. Seitdem sind die Verletzungen, die ich mir unterwegs zugezogen habe, hundertfach wiedergutgemacht worden,
weil meine Geschichte schon für so viele als Balsam gewirkt
hat, deren Herzen auch zerbrochen waren.

Unsere eigenen Erfahrungen mit Männern haben nichts damit zu tun, wie unser himmlischer Vater ist. Gott spricht für
sich selbst. Und in seinem Bild sehen wir, wer wir sind und was
wir wert sind.

Die Prinzessinnen-Braut

Es gibt eine Geschichte aus dem Alten Testament, die sehr schön
das Herz des Vaters für seine Töchter zeigt: In Hesekiel 16 verwendet Gott das Bild eines hilflosen Babys, um seine Liebe für
sein Volk zu demonstrieren. Er beschreibt ein kleines Mädchen,
das vom Moment seiner Geburt an komplett ungeliebt war. Niemand wusch es nach der Geburt oder wickelte es in eine Decke;
stattdessen warfen es seine verwirrten Eltern einfach auf ein
Feld. Nackt und bloß lag das hilflose Baby dort inmitten von
Geröll und Blut. Das kleine Kind kämpfte um sein Leben. Doch
dann trat Gott auf den Plan. „Dann kam ich vorbei", sagte der
himmlische Vater, „und ich sah dich dort in deinem Blut liegen
und sagte zu dir: ‚Lebe!'"

Egal, wo du jetzt bist oder wo du gewesen bist, Gott sieht dich.
Er sieht, ob sich jemand um dich gekümmert hat oder ob du ver-
nachlässigt wurdest. Wenn du allein gelassen oder missbraucht

oder verlassen wurdest, sieht er das. Wenn du dich verlassen oder verachtet oder ungeliebt gefühlt hast, weiß er es. Wenn Gott vorbeikommt, sagt er zu dir: „Lebe!" Zieh dich nicht zurück und gib nicht auf wegen der Dinge, die ein Mann oder ein Junge dir angetan haben. Sie können dir etwas antun, das dich zu Boden reißt, aber Gott hat die Macht, das wiedergutzumachen und zu heilen. In der Geschichte aus Hesekiel sorgt die Liebe des Vaters dafür, dass das Baby wächst und gedeiht. Und schließlich wird das kleine, hilflose Mädchen ein wunderschöner Edelstein. Unter seiner Fürsorge wächst es zu einer wunderschönen Frau heran. Sie, die einst ein gebrochenes Mädchen war, blüht auf einmal auf.

Ich finde, die Geschichte wird sehr eindrücklich weitererzählt: „Später kam ich wieder vorbei, und als ich dich ansah und mir klar wurde, dass du alt genug bist für die Liebe, deckte ich den Saum meines Gewandes über dich und bedeckte deinen nackten Körper. Ich gab dir meinen Schwur und ging einen Bund mit dir ein ... und du wurdest mein." Das bedeutet in etwa: „Als du alt genug warst, um die Fülle von meiner Liebe und meiner Bestimmung zu erkennen, nannte ich dich nicht mehr nur meine Tochter, sondern auch ,meine Braut'. Gott gab ihr das Versprechen, dass sie für immer ihm gehören und er seine Versprechen halten würde.

Gott wäscht und kleidet seine Braut, genau wie er uns von unserer Vergangenheit reinwäscht und uns in Jesus Christus ein neues Kleid anzieht:

Ich badete dich, wusch dir das Blut ab und salbte dich mit duftenden Ölen. Ich zog dir ein buntes, kostbares Kleid und Sandalen aus bestem Leder an. Du bekamst von mir ein Stirnband aus feinem Leinen und einen seidenen Umhang. Ich gab dir wertvollen Schmuck, legte dir Spangen an die Arme und eine Kette um den Hals. Deine Nase schmückte ich mit einem Ring, ich gab dir Ohrringe und setzte dir eine prachtvolle Krone auf.

Hesekiel 16,9–12

Gott freut sich, wenn er die Flecken unserer Vergangenheit von uns abwaschen und uns neuen Schmuck anlegen kann. Er liebt es, uns schöne Kleider zu geben, neue Schuhe, kostbaren Schmuck und einen Diamantring. Es gab eine Zeit, in der wir hilf- und schutzlos waren und um unser Überleben kämpften, aber Gott birgt uns in seinen Armen, schmückt uns und krönt uns wie eine Prinzessin. Man kann sich nicht hängen lassen, wenn man eine Krone trägt. Dann kann man den Kopf nur gerade halten.

So wurdest du wunderschön und würdig, eine Königin zu sein. Bei allen Völkern erzählte man sich von deiner Schönheit; sie war makellos und vollkommen durch den Schmuck, den ich, der Herr, dir geschenkt hatte.

Hesekiel 16,13–14

Ein Liebesbrief vom Himmel

Meine geliebte Tochter,

ich habe eine Dornenkrone getragen, damit du eine Krone voller kostbarer Juwelen bekommst. Ich war nicht der König, den sie wollten. Ich war viel kleiner. Sie dachten, ich käme wie eine Supernova, ein neuer heller Stern, aus dem Nachthimmel geschossen. Sie dachten, ich käme wie ein Oberbefehlshaber mit Macht und Majestät. Aber ich kam wie eine schummerige Kerze, ein kleines, flackerndes Licht – genau wie du, ein neugeborenes Baby. Es war kein Platz für mich in der Herberge.

43

Und als ich ein Mann war, stellte ich fest, dass es auf der Welt an sich wenig Platz für mich gab. Da war ich, ein Mensch aus Fleisch und Blut. Manche meiner Brüder haben mich direkt erkannt und geliebt, aber viele haben mich verspottet und beleidigt. Die meisten haben mich verachtet. Ihre Herzen waren hart.

Ich kam auf die Welt wie sie auch, ein kleines, hilfloses Kind, damit sie wissen, dass ich ihre Sorgen und ihre Scham, ihre Last und ihre Sehnsüchte verstehen kann. Sie hatten ein Bild von mir im Kopf, als König auf einem Thron und mit einem Zepter. Aber sie bekamen einen Zimmermann. Sie erwarteten einen Herrscher, aber sie bekamen einen Diener; Sie dachten, es käme ein reicher Herrscher, aber sie bekamen einen Helden, der sich um die Armen kümmerte. Sie hatten mehr erwartet, aber ich hatte entschieden, weniger zu sein.

Aber nicht sie und ihre Erwartungen bestimmten mich, sondern mein himmlischer Vater.

Mein Kind, mit jedem Peitschenhieb fühlte ich deine Ablehnung und deinen Schmerz. Ich fühlte, wie verlassen und allein du warst, und sogar wie sehr du dich von Gott entfernt gefühlt hast. Ich fühlte, wie es ist, sich nach der Liebe eines Menschen zu sehnen und sie nicht zu bekommen. Ich weiß, wie es sich anfühlt, so tief, so heftig, so wild und so real zu lieben und dennoch bespuckt zu werden. Ich weiß, wie es sich anfühlt, Vergebung anzubieten, aber als Dank dafür verdammt zu werden.

Gnade zu geben, auch wenn Menschen sich von dir abwenden.

Zu segnen und von denen verflucht zu werden, die du deine Freunde nennst.

Und ich weiß, was Liebe ist: Glauben, Vertrauen, Langmut und nie die Hoffnung aufzugeben.

Ich verspreche dir: Ich werde zurückkommen und dich holen wie eine Sternschnuppe am schwarzblauen Himmel. Du wirst wissen, dass ich es bin. Auf meiner Hüfte und auf meinem Mantel ist dieser Name geschrieben: „König der Könige."

In Liebe, dein Vater im Himmel

Eine geliebte Tochter

In seinen Briefen nennt sich der Apostel Johannes niemals selbst „Johannes". Stattdessen nennt er sich „der Lieblingsjünger des Herrn" oder „der, den der Herr besonders lieb hatte". Dachte er, dass Jesus ihn mehr liebte als die anderen Jünger? War er nicht vielleicht etwas eingebildet?

Ich denke nicht. Ich denke, er wusste, wie weit, wie tief, wie groß die Liebe von Jesus ist – und hat dies zutiefst verinnerlicht. Er schrieb: „Seht doch, wie groß die Liebe ist, die der Vater uns schenkt! Denn wir dürfen uns nicht nur seine Kinder nennen, sondern wir sind es wirklich" (1. Johannes 3,1).

Als Jesus am Kreuz starb, schrie er: „Abba, Vater!" *Abba* heißt „Papa". Manche von uns brauchen ein neues Bild von diesem Papa, da ihr Bild verzerrt oder kaputt ist.

Hier eine kleine Geschichte, die von meinem Mann Shane und Olivia, unserem ersten Kind, erzählt. Es ist ein schönes Bild dafür, wie ein Papa mit seiner Tochter umgeht:

Mein Mann Shane trägt unser neugeborenes Mädchen den schmalen Weg zu unserer Haustür hoch. Ich gehe hinter ihm und er hält unser Kind fest in eine Decke gewickelt. Er hält Olivia so nah an sein Herz, als sei sie das zarteste Geschöpf, das er jemals berührt hat (was sie natürlich auch ist). Sie ist seine geliebte Tochter.

Als er die Türschwelle erreicht, hält er plötzlich inne und hält sie noch näher an seine Brust.

„Was soll ich machen, wenn irgendwann ein Typ für sie hier an der Haustür steht?" Er klingt fast panisch. Er stellt sich wahrscheinlich vor, wie er mit einem Gewehr dasteht, zwischen diesem Jungen und seiner Tochter ... Es ist ihm absolut ernst damit, ihr Herz zu beschützen, und er weiß ganz genau, dass das auch bedeutet, ihren Körper zu schützen.

Er ist ihr Vater und das alles ist so natürlich für ihn wie das Binden von Schnürsenkeln.

Ich hingegen habe in dem Moment ganz andere Sorgen als ihren ersten Freund. „Schatz, sie ist drei Tage alt", sage ich. „Alles, was sie jetzt braucht, ist Schlaf!" Ich scheuche ihn weiter und lege Olivia in ihre Wiege in dem wunderschönen Zimmer, das wir für sie vorbereitet haben.

Wir nennen Olivia unseren kleinen Marienkäfer. Am Abend kuschelt sie sich an Papas Brust und schläft mit dem Kopf an seinem Herzen ein. Er streichelt ihr den Rücken, sieht sie an und lächelt.

Als Olivia vier Jahre alt ist, fängt ihr Papa an, sich mit ihr zu „verabreden". Er ruft sie von der Arbeit aus an. Zur verabredeten Zeit ist sie dann hübsch angezogen. Und ihr Papa kommt pünktlich in ihr Zimmer.

Olivia möchte immer, dass er erst reinkommt, wenn sie wirklich komplett fertig ist; wie eine Prinzessin in ihrem Ankleidezimmer. Ich flechte ihre Haare und helfe ihr dabei, ihre Lieblingskleidung anzuziehen. Manchmal sind es pinkfarbene Cowboystiefel und Jeans, manchmal ein Sommerkleid, manchmal ein bunter Rock. Wenn der Papa in ihr Zimmer kommt, macht er ihr Komplimente wie „Du siehst toll aus in deinem Kleid!" und lächelt sie an. Papa führt Olivia dann immer an einen besonderen Ort aus, wo sie zum Beispiel lecker zusammen essen können. Papa stellt ihr dann Fragen, sieht ihr in die Augen und hört ihr zu. Egal, ob beim Eisessen oder auf dem Spielplatz, für den Moment gibt es nichts, das wichtiger ist als sie.

Und es gibt natürlich immer etwas Leckeres: Eis oder Kekse oder

Schokoladenpudding. *Ihre gemeinsame Zeit ist geprägt von Vertrauen, Lachen und Spaß. Es ist ein Vater-Tochter-Date.*
Am Ende der gemeinsamen Zeit kaufen sie Blumen für Olivia und für Mama. Wenn Olivia dann im Bett liegt, stelle ich die Blumen für sie so hin, dass sie sie vom Bett aus sehen kann, und gebe ihr einen Gutenachtkuss. Ich sehe jedes Mal an ihrem Gesichtsausdruck, dass sie weiß, dass sie geliebt wird.

Ich weiß, dass Shane irgendwo tief in seinem Kopf Gedanken hat wie: „Wenn irgendein Typ sie nicht pünktlich abholt oder sich per SMS mit ihr verabreden will oder ihr nicht die Tür aufhält oder versucht, sich um das Zahlen im Restaurant zu drücken oder sie nicht wie eine Prinzessin behandelt, weiß sie, wen sie anrufen kann! Sie wird mich anrufen und ich werde sie retten!"

Du musst keinen irdischen Vater haben, um zu wissen, wie sehr das Herz deines himmlischen Vaters für dich schlägt. Wenn du dein Vertrauen auf ihn setzt, kommt er und wohnt bei dir, indem er dir seinen Heiligen Geist gibt. Durch diesen Geist kannst du dann auch rufen: „Papa!", denn egal, ob du auf der Erde ein Papakind bist oder nicht, für Gott bist du es!

Sicher in der Liebe Gottes

Bist du dir sicher, dass Gott dich liebt? Er tut es! Ich habe viel zu viel Zeit meines Lebens in Unsicherheit verbracht. Ich habe meine Sicherheit viel zu sehr von Menschen abhängig gemacht. Die einzige konstante Sicherheit, die wir haben können, ist Gottes Liebe für uns.

Einer meiner Lieblingsverse, 5. Mose 33,12, beschreibt ein schönes Bild, wie wir unsere Sicherheit darin finden, dass wir uns als Gottes geliebte Kinder definieren:

„Der Liebling des Herrn! In Sicherheit wohnt er bei ihm. Er beschirmt ihn den ganzen Tag ..." (ELB).

Wenn du diesen Vers liest, dann stell dir vor, wie du auf den Schoß des Vaters krabbelst, dich in seine starken Arme kuschelst und dein Gesicht an sein pochendes Herz legst. Hier kannst du weinen, lachen und du selbst sein, ohne Verurteilung oder Ablehnung zu fürchten.

Du hast alle Eigenschaften einer Prinzessin – Hoffnung, Träume und eine Zukunft. Du bist eine geliebte, kostbare Tochter des Herrn. Da kannst du dir sicher sein. Schlage Wurzeln in seiner Liebe. Wachse darin wie ein Baum. Wenn du das tust, wirst du blühen und gedeihen. Und denk immer daran: Du kannst nicht den Kopf hängen lassen, wenn du eine Krone trägst. Dann kannst du nur aufrecht gehen – als geliebte Tochter des himmlischen Königs.

Die zweite Lüge:
Du bist, was du im Spiegel siehst

Dieser blöde alte Spiegel ändert sich ständig.

Zauberspiegel an der Wand

Ich sehe jede Beule. Jeden Makel. Jede Cellulitedelle, jede Falte. Jeden Tränensack, jeden Augenring, jede Narbe. Mir scheint, mein Körper weigert sich, so zu sein, wie ich es möchte. Mir fällt auf, dass mein Top an den falschen Stellen meines Körpers klebt und dass ich überhaupt nicht mit den retuschierten Schönheiten in den Modemagazinen mithalten kann. Ich vergleiche meinen Körper mit denen aus den Magazinen und ich sehe natürlich sofort, dass ich anders aussehe als sie.

Ich kenne es nur zu gut – in den Spiegel zu schauen und alles an mir zu analysieren. Zu denken, dass mein Körper meinen Wert bestimmt. Ich weiß, wie sehr ein Blick in den Spiegel dazu führen kann, sich selbst hässlich und ekelhaft zu finden. Ich weiß, wie es ist, die Augen über andere Mädchen wandern zu lassen, um sich mit ihnen zu vergleichen. Ich verglich mich nicht mit ihnen, um sie zu kritisieren, vielmehr kritisierte ich mich damit selbst. Ich sah dadurch, was an mir nicht richtig ist. Ich, ich, ich. Ein Spiegel führt dazu, dass man sich auf sich selbst fixiert – als ob die ganze Welt an meinen Pickeln oder meinen krausen Haaren interessiert ist, so, als müsste die ganze Welt hinschauen, wie ich in einem bestimmten Outfit aussehe.

In der Modebranche war das mein Job, dass ich mich ständig mit anderen Models verglich, um letztendlich besser auszusehen. Mit der Zeit bekam ich das Gefühl, ich könne niemals so perfekt sein, wie es von mir erwartet wurde. Ich hatte richtige Lust, einen Stein in den Spiegel zu werfen, damit er in tausend Stücke zerbrach.

In der Modebranche ging es auf und ab. An einem Tag galtst du als hübsch, am nächsten Tag schon nicht mehr. Als ich immer magerer wurde, konnte man meine Rippen sehen. Ich hungerte, bis mein Bauch schön flach war, aber zur gleichen Zeit war mein Gesicht eingefallen und ich sah müde aus. Wenn ich Sport trieb bis zum Umfallen, hatte ich bald dunkle Ringe unter meinen Augen.

Warum führt Hungern nicht zu einem hübschen Körper? Wenn ich einen gesunden Körper habe, habe ich nicht Kleidergröße 34, sondern Größe 36 oder 38. Wenn ich glücklich bin, dann esse ich. Wenn ich wirklich glücklich bin, mache ich mir keinen Stress mit Sport – dann fühle ich mich auch so einfach gut. Und wenn das Gefühl dann nicht nur ein paar Tage oder Wochen anhält, sondern zwei Jahre vergehen und ich mich jeden Tag hübsch fühle, dann schreibe ich dir eine Nachricht.

Der Spiegel ist ein Lügner! Und Lügen haben kurze Beine. Was wäre, wenn wir uns alle einig wären, dass der Spiegel ein großer, böser Lügner ist? Was wäre, wenn ich mehr wäre als nur mein Aussehen, – und auch du?

Dein Körper bestimmt nicht deine Schönheit. Gott legt dein

Herz in die Waagschale, um deine Schönheit zu messen. Wenn du mein Herz sehen könntest, würdest du ahnen, dass es nicht mein Aussehen ist, um das ich mich sorge. Ich mache mir Gedanken, dass Versprechen nicht gehalten werden, dass ich verletzt werde und die Liebe in meinem Leben nicht hält. Mein Herz wird nicht heruntergezogen von ein paar Kilos zu viel auf der Waage, sondern von meiner Angst. Da mein Herz Angst hat, fühle ich mich nicht hübsch. Das ist der Grund.

Jetzt zufrieden?

Nina legt ein Maßband um meine Taille: 70 Zentimeter. Sie schreibt die Zahl auf ihren Notizblock.

Brustumfang: 91 cm
Taille: 70 cm
Hüften: 91 cm
Dann das Klicken des Gewichts an der Waage: 63 kg
Größe: 182 cm

„Es wäre gut, wenn du an der Taille noch gut drei Zentimeter verlieren würdest, sowie fünf Zentimeter an den Hüften. Ein Gewicht von 56 Kilogramm wäre ideal." Nina sagt das ganz sachlich.

„Wie soll sie denn noch sechs Kilo abnehmen und fünf Zentimeter an den Hüften loswerden?", fragt mein Vater, als hätte er tatsächlich die Hoffnung, irgendjemand könnte ihm eine zufriedenstellende Antwort geben.

„Sport", erklärt Nina. „Schwimmen ist der absolut beste Weg, um Pfunde zu verlieren."

Niemand von uns hinterfragt die Herrscherin der Modelwelt. Also werde ich ihr wohl offensichtlich gehorchen müssen.

„Denkt an meine Worte", sagt sie und hält ihren Zeigefinger hoch, „noch vor dem Ende des Sommers wird sie auf dem Cover der *Vogue* sein."

Wir bekommen große Augen.

Ich muss sofort anfangen zu joggen, denke ich, *oder besser noch: mir einen Swimmingpool suchen.*

Nina zeigt mir auf dem Lichttisch meine Fotos.

„Siehst du das überschüssige Fleisch hier?", fragt sie und zieht mit ihrem langen, roten Fingernagel eine Linie über das Foto, entlang der Innenseite meines Schenkels. „Daran musst du arbeiten."

„Und siehst du das hier?" Sie zeigt auf meinen nicht ganz austrainierten Oberarm, die kleine Ausbuchtung an meiner Taille und meine nicht ganz perfekt trainierten Waden. Sie lässt mich durch die Lupe gucken, damit ich sehe, dass ich beim Lächeln die Nase krausziehe.

„Das geht nicht", sagt sie.

Fünf Jahre später. Es ist *Fashion Week* und ich jogge durch den Park in Mailand. Ich bin 22, habe das College erfolgreich abgeschlossen und bin nach Mailand gekommen, um den Laufsteg zu erobern. Ich zwinge mich, meine Runden durch den Park zu rennen, meinen Hunger zu ignorieren und den Blickkontakt mit den glücklichen Paaren zu vermeiden, die an ihrer Pizza knabbern und auf ihren Picknickdecken relaxen.

Ihre Kinder krabbeln mit eisverschmierten Gesichtern umher. Ich habe weder Zeit noch Energie dafür, mich nach dem zu sehnen, was sie haben. Ich muss laufen.

Tausende von Models sind in der Stadt. Mit ihren langen, straffen Beine stolzieren sie durch den Modedistrikt. Am Tag bevölkern sie die Agenturen, die Castingräume und die Hotelfoyers, umklammern ihre Modelmappen, sehen in den Spiegel, checken Termine. Am Nachmittag findet man ihre anmutigen Körper überall in den Straßencafés. Abends treffen sie sich mit italienischen Männern zu glamourösen Dinnerpartys. Manche von ihnen sind jung und unschuldig. Manche sind harte und kantige Models mit viel Erfahrung, die sich nicht für versprochene Liebe bei irgendjemandem anbiedern. Wir haben alle eines gemeinsam: Wir wollen einen Platz auf dem Laufsteg und wären glücklich, ihn einem anderen Mädchen wegzuschnappen, egal, wie sehr sie sich anstrengen musste, um hierher zu gelangen.

Meine Reise zur *Fashion Week* erreicht ihren Höhepunkt, als ich den König der Modewelt treffe: den berühmten Designer Armani. Seine himmelblauen Augen, das silberne Haar, die gebräunte Haut und sein prüfender Blick werden nur noch übertroffen von seinem exquisiten Maßanzug.

Er mag meinen Körperbau. Er beschließt, Design und Make-up für die Shows auf mich abzustimmen. Er wählt mich als Model aus, um der Presse seine neue Kleiderkollektion vorzustellen. Er bestimmt, dass ich als Erste auf die Bühne darf. Ich darf die *Fashion Week* eröffnen. Als ich in seinem Studio in den Spiegel sehe, denke ich, dass ich mehr wert bin als das, was ich sehe: Ich sehe das juwelenbesetzte Bustier, was ich angezogen bekommen habe, die geschminkten Augen, das auftoupierte Haar, die Locken, die wie eine Krone zurechtgemacht sind.

Nach der *Fashion Week* habe ich gemischte Gefühle: Stolz und Schuld wechseln sich ab. Auf der Bühne sehe ich, dass Glamour und Glitzer Applaus hervorrufen. Aber was ich hinter der Bühne sehe, verfolgt mich. Der Anblick der Mädchen, ihrer Rippen und Wirbelsäulen, die sich durch die Haut abzeichnen, die knochigen Oberschenkel. All diese Bilder brennen sich in mein Gedächtnis. Ich kann jederzeit wieder das Bild meiner neidischen Mitbewohnerinnen abrufen, als sie erfuhren, dass ich bei der *Fashion Week* mitlaufen durfte und sie nicht. Lange noch sehe ich vor meinem inneren Auge die Tränen des Mädchens, das mir gegenüberwohnte. Ihre langen blonden Locken umrahmten ein niedergeschlagenes Gesicht: Sie hatte für Armani gehungert, nur um von ihm runtergemacht zu werden.

Ihre Augen, ihre Haut, ihr Kummer sind für immer in meinem Herzen verwurzelt.

Auch nach abgeschlossenen Modelaufträgen behalte ich die schlechten Angewohnheiten bei, die mir geholfen haben den Job zu bekommen. Ich lehne Essen ebenso ab wie Glücklichsein. Ich stehe mal wieder auf der Waage im Fitnessstudio in Mailand. Der Arzt hatte mir verboten, in die Sauna zu gehen, da mein Blutdruck so schockierend niedrig war. Vorsichtig schiebe ich das silberne Gewicht der Waage immer weiter nach links, weiter und weiter, und übertreffe Ninas Vorgabe dabei um Längen.

„Bitte sehr, Nina", flüstere ich. „Bist du jetzt zufrieden?"

Ich schaue mich vorsichtig um, um sicherzugehen, dass mich niemand sieht, und schleiche mich dann in die Sauna. Schwitzend sitze ich da, nach vorn gebeugt und umfasse das, was von meinen Oberschenkeln noch übrig ist. Ich lasse meine Finger über die hohle Kurve fahren, die mein leerer Bauch geworden ist und fahre weiter über meine Rippen. Ich kann jeden Knochen fühlen, aber trotzdem zupfe ich an dem widerspenstigen Rest Fleisch rum, der sich noch rund um meinen Bauchnabel befindet.

Es hatte einmal damit angefangen, dass ich einfach nur die paar Pfunde aus der Collegezeit loswerden wollte. Als ich mich nach Italien aufmachte, war ich fit, gebräunt und stark. Jetzt war ich abgemagert, blass und schwach. Alle außer Armani sagen mir, dass ich essen soll, dass ich viel zu viel abgenommen habe und krank aussehe. Jemand sagt mir sogar, ich sei so dürr, dass sich kein Mann so je in mich verlieben könnte. Aber sie irren sich alle. Ich bin für die nächsten Monate komplett ausgebucht.

Doch bei den Modenschauen sehe ich inzwischen eher aus wie ein Kleiderständer, an dem die Kleidung viel zu locker hängt. Die Designer beschweren sich schon, ich fülle die Tops, Hosen und Kleider nicht mehr aus.

Die Visagisten machen sich lustig über meine Knochen und raunen einander zu, dass ich wohl krank sei. Immer mehr Menschen, deren Job darin besteht, das richtige Mädchen für das richtige Bild auszuwählen, kritisieren mich. Sie sprechen über meinen Körper, als scheinen sie vergessen zu haben, dass darin ein weiches, verletzliches Herz schlägt. Die meisten suchen einfach nur nach dem richtigen Model und es ist nicht ihre Schuld, wenn ich nicht das bin, was sie wollen.

Es ist mir egal, wenn sie sagen, ich solle essen. Ich habe keinen Hunger. Wirklich nicht.

Aber so ganz stimmt das nicht. Ich hab Hunger. Ich hungere danach, dass all das keine Rolle mehr spielt. Dass das Fleisch an meiner Taille wieder in Ordnung ist. Dort sitzen immerhin meine Organe – und Frauen sollte es gestattet sein, da ein paar Gramm extra zu haben. Ich hungere danach, dass mir jemand in die Augen sieht und mir sagt, dass ich schön bin – nicht wegen dem, was sie oberflächlich sehen, sondern wegen dem, wer ich innendrin bin.

Ich sehne mich danach, zu lachen, zu essen, zu spielen, verrückt zu sein und danach, dass niemand darauf achtet, wie gut mir meine Kleidung passt. Ich will für mehr geliebt werden als nur für mein Aussehen – aber mein Aussehen schien die einzige Möglichkeit zu sein, Liebe zu bekommen.

Ich springe in den Swimmingpool. Wenn ich ein oder zwei Stunden lang schwimme, verliere ich die extra Pfunde. Und wenn ich unter Wasser die ganzen Stimmen in meinem Kopf ausblende, dann ist das auch eine Antwort, oder?

Seelenhunger

Die Seele hat einen ganz natürlichen Hunger danach, Bestätigung zu bekommen, geliebt und beschützt zu werden. Wenn dieser Hunger nicht gestillt wird, suchen wir nach etwas anderem, das uns erfüllt. Die Welt gibt dünnen Models eine Menge Anerkennung, also glauben wir dieser Lüge: Wir können den Hunger unserer Seele stillen, indem wir unseren Körper kontrollieren.

Mädchen, die mit ihrem Körper Krieg führen, haben ein paar Dinge gemeinsam: Sie sind einsam. Sie sind geradezu süchtig nach Anerkennung. Sie leiden unter Kontrollzwang, sind selbstbezogen und haben das starke Bedürfnis, gehört zu werden. **Ich möchte für mehr als nur mein Aussehen geliebt werden.**

In den schlimmsten Stunden meines Kampfes gegen meinen Körper fühlte ich mich komplett alleingelassen und von der Welt abgeschottet. Ich fühlte mich wie auf einer einsamen Insel, auf der ich nach Hilfe rief. Ich wollte, dass jemand mit einem Boot zu mir herüberrudert und mich von diesem Schmerz wegholt – aber niemand hörte mich. Das Problem war, dass ich nicht laut genug rief; ich dämpfte meine Stimme aus Angst davor, mich der Dunkelheit in mir stellen zu müssen.

Während die Einsamkeit ein Begleiter bei einer Essstörung ist, ist das Bedürfnis nach Anerkennung sozusagen ihre Wurzel. Wenn unser natürliches Bedürfnis nach Anerkennung nicht befriedigt wird, kann es gigantische Ausmaße annehmen. So erging es meiner Freundin Gayle. Sie entwickelte eine Essstörung, als ihr älterer Bruder sagte, sie wäre hübscher, wenn sie ihre Haare wachsen lassen und fünf Kilo abnehmen würde. Also fing sie an ihr Gewicht zu reduzieren. Sie kam schnell an den Punkt, wo sie mit dem Hungern nicht mehr aufhören konnte – und an diesen Punkt kommt man schnell. Wann hört man auf? Gayle fragte sich: *„Wann bin ich gut genug? An welchem Punkt bin ich endlich schön?"*

Gayle hungerte sich auf krasse 44 Kilogramm runter. Sie sehnte sich so sehr nach der Liebe ihres Vaters, aber alles, was sie von ihm bekam, waren Ablehnung und Missbilligung. Als der Vater die Familie verließ, um eine neue Familie zu gründen, wurde Gayles Mutter dick und depressiv. Angeekelt von der Fettleibigkeit ihrer Mutter hungerte Gayle weiter. Sie wurde ess-brech-süchtig, um ihre Krankheit zu verbergen. Gayle futterte Big Macs und Nachtisch in sich hinein, um sie danach wieder zu erbrechen, manchmal fünfzehn Mal am Tag. Wenn sie versuchte, Aufmerksamkeit von ihrer Mutter zu bekommen, wurde sie nur von ihr kritisiert.

„Ich war nie gut genug", sagt Gayle traurig. Sie ist jetzt eine erwachsene Frau, aber es tut ihr immer noch weh.

Ich kenne das. Ich erinnere mich gut daran, wie es war, hungrig ins Bett zu gehen. Ich erinnere mich an die Dunkelheit und den Abstand, den ich zwischen mich und alles Gute brachte. Ich erinnere mich daran, wie es war zu hungern, um meinem Spiegelbild zu gefallen, und wie das Spiegelbild mein Feind wurde. Der Spiegel hat meine Sicht von mir selbst so sehr geändert, dass ich nicht mehr sehen konnte, wer ich war und was für ein armer Wurm ich geworden war.

Klar, wir alle sehnen uns nach Anerkennung. Wenn aber an diese Anerkennung Bedingungen geknüpft sind, fangen wir an zu glauben, dass wir nur etwas wert sind, wenn wir einen bestimmten Punkt auf der Messskala erreichen, und zwar den, den andere für uns festgelegt haben.

Wenn unser Leben außer Kontrolle gerät, fühlt es sich an, als würden wir auf einem Karussell sitzen, an dem wir uns krampfhaft festhalten, damit wir nicht runterfallen. Wenn wir etwas unter Kontrolle haben – zum Beispiel was in unserem Körper hinein- und wieder hinausgeht – denken wir, dass alles in Ordnung ist.

Aber wenn wir glauben, unseren Körper kontrollieren zu können, machen wir uns etwas vor. Denn das können wir nämlich nicht. Uns kontrolliert stattdessen das Essen und bringt uns irgendwann unter seine Kontrolle. Oder wie Gayle es formuliert: „Das Seil, an dem du dich festhältst, wird irgendwann zum Strick."

In der Modelbranche brauchte ich Anerkennung genauso wie die Luft zum Atmen. Als die Anerkennung immer weniger wurde, machte ich weiter mit dem, was mir zu Beginn schon Applaus eingebracht hatte: Ich trieb Sport und nahm ab. Ich überdeckte meinen Schmerz mit Make-up und versuchte, charmant zu sein. Aber Schönheit kommt von innen, und in mir drin war es alles andere als schön.

Zu Weihnachten rannte ich förmlich nach Hause, ich wollte dort Halt finden. Als ich aus dem Flugzeug stieg, war mein Vater geschockt von meinem Aussehen. Ich hatte dunkle, hohle Augen und mein Körper war abgemagert. Zu Hause beantwortete ich die Fragen meiner Eltern nur ausweichend; ich sprach nie direkt über meinen inneren Schmerz und erzählte auch nichts von meinem Kummer. Ich erwähnte die quälenden Bilder nicht, die ich hinter den Kulissen der Modebranche gesehen hatte, unter denen mein Herz so litt. Ich vermied Blickkontakt und überspielte meine Krankheit, indem ich für die kurze Zeit, die ich zu Hause war, ganz normal aß.

Meine Familie fragte auch nicht nach. Wir schlichen damals sozusagen um den heißen Brei herum. Wir taten so, als sei alles in Ordnung, auch wenn das nicht der Fall war – noch nicht einmal annähernd.

Meine Eltern machten Bemerkungen darüber, wie dünn ich war, und waren besorgt wegen meiner Haut. Als Teenager hatte ich leichte Akne gehabt, aber jetzt, durch meine Essstörung, hatte ich einen heftigen Ausschlag entwickelt, eine Art zystische Akne auf Kinn, Wangen und Stirn. Auch mein Körper reagierte auf den Mangel an Nahrung, die Hormone waren ganz durcheinandergeraten. Mein Haar wurde fahl und dünn, meine

Augen hatten keinen Glanz mehr. Von mir ging richtig etwas Depressives aus. Meine Mutter vereinbarte schließlich einen Termin bei meinem früheren Kinderarzt.

Barfuß stand ich dann vor ihm auf dem kalten Fliesenboden. Er runzelte die Stirn, während er die Pickel auf meinem Gesicht und die dunklen Ringe unter meinen Augen begutachtete. Dann fuhr er mit seinen alten, schwieligen Fingern über meinen Rücken und streifte meinen Oberarm. Während er mich untersuchte, dachte er vermutlich an das kleine Mädchen, das früher in seine Praxis gesprungen kam, mit blonden Zöpfen, prallen Oberschenkeln und großen, saphirblauen Augen.

„Was können wir denn gegen diese Pickel tun?", fragten wir. „Sie kommen für ein Model sehr ungelegen."

Der Arzt betrachtete die Wunden auf meinem Gesicht. „Ich kann ein Antibiotikum verschreiben. Es wird etwas dauern, aber der Ausschlag wird mit der Zeit verschwinden." Er legte seine Finger um meinen Oberarm und streifte meine Wade. „Aber ihre Haut ist nicht das, was mir Sorge bereitet, sondern ihr Gewicht. Und der Mundgeruch. Nimmst du Chrom zu dir?", fragte er mich.

„Ja", antwortete ich. Chrom ist der Hauptbestandteil meiner Fettverbrenner.

„Du nimmst viel zu viel. Wann hattest du zuletzt deine Tage?"

„Ich kann mich nicht erinnern", antwortete ich. „Vor sechs Monaten vielleicht?"

Mit besorgtem Blick wandte er sich meiner Mutter zu. „Muss sie zurück nach Europa?", fragte er.

Natürlich glaubten wir, dass ich das musste. Keiner von uns wollte der hässlichen Tatsache ins Auge sehen, dass ich anfing, magersüchtig zu werden, und Fettverbrenner nahm, obwohl gar kein Fett mehr zu verbrennen war. Wir alle glaubten, dass die Frühlingsshows von Armani viel zu wichtig seien und ich zurück *musste*. Wir konnten noch wollten wir sehen, was für den Arzt sehr deutlich zu erkennen war. Warum zerrt die Welt so sehr an uns, dass wir uns weigern, die wichtigsten Dinge anzusprechen? In dem Fall die Wahrheit, die der Arzt einer Kinderarztpraxis aussprach?

In der nächsten Saison war meine Taille zwar wieder gut zwei Zentimeter dicker, die Ringe um meine Augen aber noch dunkler – und ich war noch einsamer als je zuvor.

Armani konnte es auch sehen. Die Folgen: Er kündigte mir und die Männer in meiner Agentur waren darüber außer sich vor Wut. Ich hatte meine Schönheit verloren. In dieser Welt bedeutete das, dass ich auch meinen Wert verloren hatte.

Ein liebloser Freund

Wir brauchen die Gewissheit, wichtig zu sein. Wenn wir diese Gewissheit nicht haben, wird die Leere in uns zu einem tiefen schwarzen Loch, in das wir hinuntersteigen und denken, wir könnten jederzeit wieder herauskommen.

Als meine Freundin Kaylie klein war, gab Essen ihr eine gewisse Sicherheit, wenn sie sich unsicher fühlte. Bei ihr zu Hause wurde nicht über Ängste gesprochen. Emotionen hatten keinen Platz und Kaylie hatte das Gefühl, sie auch nicht äußern zu dürfen. Als Teenager hatte sie immer ein Auge auf ihr Gewicht. Als sie dann eine *Beauty Academy* (Kosmetikschule) besuchte und dadurch jeden Tag mit dem Spiegel zu tun hatte, wurde sie sehr sensibel für ihren Körper und ihr Aussehen. Die Mädchen dort verglichen sich ständig miteinander. Sie versuchten dem gerecht zu werden, was allgemein als Schönheitsstandard galt.

Ich habe Hunger danach, dass mir jemand in die Augen sieht und mir sagt, dass ich schön bin – nicht wegen meines Aussehens, sondern wegen dem, wer ich innen drin bin.

Haare, Make-up und Mode wurden für Kaylie zu einem Sprachrohr, wenn sie nicht wusste, was sie sagen sollte. Sie fing an, weniger zu essen, und als sie das Gefühl hatte, alles um sie herum erdrückte sie, flüchtete sie sich in die Bulimie (Ess-Brech-Sucht). Kaylie wollte so die Kontrolle über ihr Leben zurückgewinnen – aber die Bulimie hatte letztlich sie unter Kontrolle.

„Aber eigentlich fängt alles schon vor dem Essen und Erbrechen an", sagt Kaylie. „Es fängt an, wenn man sich nach innen wendet, wenn Essen, Gewicht, Kleidergröße oder dein Spiegelbild die Quelle deiner Erfüllung werden. Das Ganze ist sehr selbstbezogen. Du denkst nämlich nur über dich selbst nach, über deinen Körper und das, was Leute über dich denken. Es geht nur um dich. Es beraubt dich um Momente deines Lebens, die Gott für dich gemacht hat, damit du sie genießt. Doch statt diese Freude zu erleben, siehst du nur nach innen und versuchst etwas an dir zu ändern, um von anderen angenommen zu werden. Oder du versuchst dich vor einem Moment zu verstecken, den Gott dir eigentlich schenken möchte."

Wir brauchen die Gewissheit, wichtig zu sein

Dein Spiegelbild wird dein ganzes Leben verändern. Du wirst älter und von Jahr zu Jahr anders aussehen. Siehst du heute noch genauso aus wie als Kleinkind? Wenn du 30 bist, wirst du dann noch wie ein Teenager aussehen? Was ist, wenn du 60 bist? Oder 80?

Ich weiß, wie es ist, jung zu sein und perfekt sein zu wollen – und zu merken, dass das nicht geht. Ich weiß, wie sich Konkurrenzkampf anfühlt. Wie es ist, von einem Spiegel zu erwarten, dass er einem das gibt, was man möchte – und dann merkt, dass er nur aus Glas ist. Glas beschlägt. Glas bricht. Glas schneidet. Glas wird sein Bild von mir nicht ändern, so sehr ich das auch möchte.

Aber Glas hat eigentlich keinen Einfluss auf mich, da ich mich nicht darüber definieren kann, was ich sehe. Ich muss mich über das definieren, *was ich nicht sehen kann*, und die Entscheidung treffen, mich selbst durch die Augen Gottes zu sehen. Genau so, wie es der kleine Prinz formuliert: „Man sieht nur mit dem Herzen gut, das Wesentliche ist für die Augen unsichtbar."*

Was würde passieren, wenn wir uns von dem Lügenspiegel abwenden und unseren Blick auf einen Spiegel richten würden, der uns immer annimmt und nie seine Meinung über uns ändert?

Gibt es so einen Spiegel überhaupt? Einen Spiegel, der zufrieden ist? Einen Spiegel, der zeigt, wer wir sind und was wir wert sind?

Ja, den gibt es!

---

* Antoine de Saint-Exupéry, Der kleine Prinz, Anaconda Verlag.

Die zweite Wahrheit:
Du bist ein kostbares Geschöpf

Wir sind der Ton, und du bist der Töpfer!
Wir alle sind Gefäße aus deiner Hand.
Jesaja 64,7

Barbie in der Küche

Ich sehe aus, als gehörte ich oben auf eine Torte. Ich trage ein pinkfarbenes Kleid mit Reifrock und himbeerfarbenem Unterrock. Meine Haare sind zu einem riesigen Berg auftoupiert. Barbie wird 35 Jahre alt und ich darf sie zu diesem Jubiläum spielen.

Sie brauchten dafür ein ausgehungertes Mädchen. Und sie fanden eins. Die Hairstylistin und die Visagistin arbeiteten drei Stunden lang an mir. Sie kaschierten die dunklen Ringe unter meinen Augen und die Akne auf meinen Wangen. Sie glätteten mein struppiges Haar und türmten es kunstvoll auf. Beim Blick in den Spiegel gefiel mir überhaupt nicht, was ich da sah, ich sah nur eine leere Hülle. Innerlich weinte ich. Ich wusste nicht, wo diese Tränen herkamen. Noch hatte ich nicht in die Tiefen meines Herzens geschaut.

Als sie mich beim Jubiläum als Barbie präsentierten, kamen die Kinder auf mich zugerannt. Sie wollten mein seidiges Kleid berühren. Sie wollten, dass ich ihnen in die Augen sehe und ihnen ein Lächeln schenke. Als ich das tat, wusste ich, dass ich sie betrogen hatte. Ich sah es ganz deutlich: Schön war nicht die Barbie; schön war der Schimmer der Hoffnung, den ich in den Kinderaugen sah.

Barbie zu sein war der Same, aus der meine spätere Leidenschaft wuchs. Es war der Same des Wissens, wie sehr es innerlich schmerzen konnte, wenn man äußerlich eine Maske trug.

Schön war nicht die Barbie; schön war der Hoffnungsschimmer, den ich in Kinderaugen sah.

Auch Jahre später (ich habe die Modelbranche längst verlassen), wird mein Herz jedes Mal ganz schwer, wenn ich von einem Mädchen höre, das denkt, es sei nicht gut genug. Es beschäftigt mich, dass manche Mädchen gerne wie Barbie wären. Ich möchte ihnen sagen, dass Barbie gar nicht schön ist, sondern sie selbst schön sind. Das möchte ich am liebsten allen Mädchen auf der ganzen Welt sagen.

Als ich anfing in der Bibel zu lesen, fühlte es sich an, als würde jemand den Magen meines hungrigen Geistes mit Brotkrumen füttern, die in süßes Öl getaucht worden waren. Ich genoss den Geschmack, dass Gott mich so annahm, wie ich war, und hatte Hunger nach mehr. Ich fing an, mich vom Lügenspiegel abzuwenden und in den Spiegel Gottes zu schauen. Meine Aufmerksamkeit verschob sich: Es war nicht mehr wichtig, wie ich aussah, sondern wie Gott aussah und wie er mich sah.

Die Modelbranche zu verlassen war übrigens ganz und gar nicht einfach. Ich hatte mir über fünfzehn Jahre hinweg eine Karriere aufgebaut. All das aufzugeben, ohne jemanden um

Erlaubnis zu fragen, war eine der mutigsten Sachen, die ich je gemacht habe. Und gleichzeitig war es ganz einfach: Ich ging ja weg, weil ich Gottes Träume für mich entdecken wollte. Seine Träume schienen mir ein sehr viel größeres Abenteuer mit einem viel größeren Ziel zu sein.

Bevor ich zurück nach Hause ging, kam meine Mutter noch einmal nach Italien, um dort mit mir Urlaub zu machen. Wir reisten in den Süden des Landes. Dort lernten wir eine runzlige italienische Großmutter kennen, die mir zeigte, was es bedeutet, ein Zuhause zu haben. Kleine Hunde flitzten um ihr Haus herum, aus ihrer Küche kam ein Duft, der einem das Wasser im Munde zusammenlaufen ließ. Die Mailänder Laufstege waren Lichtjahre von diesem Ort entfernt. Die Großmutter hatte süße, saftige Orangen und rubinrote Tomaten in ihrem Garten. Sie mahlte das Mehl selbst und machte damit Nudelteig. Sie kochte aus ihren Tomaten eine cremige Soße, servierte dazu handgepresstes Olivenöl von einem Bauern in der Nähe und backte selbst knuspriges Brot. Als ich ihr dabei zusah, wie sie die rote Soße mit einem Holzlöffel umrührte, wusste ich, dass ich nach Hause zurückmusste. Nach Hause zu meiner eigenen Mutter und Großmutter, zu Gott, meiner Familie – und in die Küche.

Als meine Füße wieder amerikanischen Boden betraten, kam ich zurück in das Zuhause, wie ich es aus meiner Kindheit kannte: Meine Mutter stand in der Küche, um dreimal am Tag eine Mahlzeit zuzubereiten. Sonntags gab es meist Hähnchenschenkel und der Duft von knuspriger Haut und Röstaromen erfüllten schon bald die ganze Küche. Meine Mutter machte cremige, reichhaltige Lasagne. Erbsensuppe mit Speck und Thymian. Backte mächtige Brownies, Möhrenkuchen mit Zuckerguss, Kürbiskuchen, Zucchinibrot, Bananenbrot. Als kleines Mädchen habe ich ihr manchmal geholfen, die Nüsse zu mischen und nach dem Teigrühren natürlich den Rührhaken und

Löffel abgeleckt und später die dampfenden Kuchen auf der Anrichte bewundert. Mir halfen diese Erinnerungen, meine Essstörungen zu überwinden, und ich brauchte diese Zeit in der Küche, um heil werden zu können.

Heutzutage verbringe ich viel Zeit in der Küche meiner Schwiegermutter Linda. Das ist wichtig für mich. Zu jedem Feiertag deckt und schmückt meine Schwiegermutter den Tisch so, als würde Jesus persönlich zum Abendessen kommen. Thanksgiving, das Erntedankfest, das wir in Amerika groß feiern, bedeutet bei ihr: Süßkartoffelauflauf mit einer Kruste aus braunem Zucker, zarter, gepökelter Truthahn, perfekter Kartoffelbrei und ofenfrische Brötchen. Es gibt nichts, das so wunderbar ist wie Lindas berühmter Schokoladenkuchen, gebacken nach einem Rezept ihrer Großmutter Inez – ein Rezept, das ich mittlerweile auch schon meiner Tochter beigebracht habe.

Wenn wir in Lindas Küche stehen, vermischen sich unsere Worte miteinander wie Mehl, Zucker und Salz in einem Teig und fügen sich zu etwas Neuem zusammen. Wenn wir viel um die Ohren haben, rühren wir einfach die Soße um, gucken nach dem Braten und führen Small Talk. Das ist die pure Entspannung für mich geworden! Manchmal sehen wir sogar eine Gebetserhörung voraus, auch wenn nichts darauf hindeutet. Selbst in den schwierigsten Zeiten kochen wir eine gute Mahlzeit, weil wir wissen, dass uns eines Tages im Himmel ein großer Segen erwartet.

Als Model quälte ich meinen Körper durch Nahrungsentzug und viel zu viel Sport. Das war für mich so, als würde ich einen großen, roten Sandsack nehmen und draufschlagen, um meinen Frust loszuwerden. Ich tat mir damit aber nur selbst weh. Wenn wir uns gegen uns selbst stellen, werden wir wütend, weil wir nicht die Liebe bekommen, die wir brauchen. Wenn wir uns dafür entscheiden, in der Opferrolle zu bleiben, ernten wir auch entsprechende Früchte – nämlich verdorbene. Wenn wir uns für das Leben entscheiden, für das, was uns guttut, ernten wir auch hier entsprechende Früchte und diese Früchte sind süß und nahrhaft.

Ich habe Jesus gewählt. Ich habe mich für das Leben entschieden. Als ich der Modelbranche den Rücken kehrte, ließ ich auch die Magersucht hinter mir. Ich ließ die sinnlose Lüge hinter mir, dass mein Körper nicht gut genug ist. Ich ließ das Leben hinter mir, das nur auf Äußerlichkeiten aufgebaut war. Ich ließ die giftige Idee fallen, dass mein Wert im Badezimmerspiegel liegt. Ich habe Christus gewählt. Ich habe mich für das Leben entschieden.

Wenn wir die Wahl haben, müssen wir uns für das Leben entscheiden. Wir müssen den Weg wählen, der Erfüllung bringt, der uns zu der dauerhaften Zufriedenheit führt, nach der wir uns sehnen. Für mich gehörte dazu auch viel Zeit in der Küche – Gemüse schneiden, Soßen umrühren, Gerichte abschmecken, Tisch decken, servieren, abwaschen und zusammen am Tisch sitzen und lachen.

Wenn das Leben nicht so ist, wie du es dir erhofft hattest, musst du eine Entscheidung treffen. In allen Kämpfen, die wir gegen unseren Körper führen, können wir immer eine Entscheidung treffen: entweder Gesundheit oder Krankheit. Du kannst Krankheit beziehungsweise ungesundes Verhalten wählen und so versuchen, deinen unstillbaren Durst zu löschen. Oder du wählst den gesunden Weg: den Weg, der dich in Richtung Zufriedenheit und Erfüllung bringt.

Manchmal ist es gut, schon vorher daran zu denken, welches Ergebnis eine Entscheidung am Ende hervorbringen wird. Stell dir das Leben am Ende der Straße der Krankheit vor, auf der es nur um dich selbst geht. Stell dir das Ziel dieses Weges so genau wie möglich vor. Dann stell dir vor, wie das Ende der Route aussieht, auf der es um das geht, was dir guttut, auf der es um Segen für andere geht. Male es dir aus, träume davon, schreib es auf. Welches Ende möchtest du? Du hast die Wahl. Wenn du dich bildlich gesprochen dafür durch die Menge drängeln und Gott darum bitten musst, das Unmögliche in dir zu tun, dann bitte ihn genau darum. Tu, was immer nötig ist, damit du wieder gesund wirst.

Auf der anderen Seite wartet die Freiheit!

Spiegel-Fasten

Zehn Jahre nach meinem Ausstieg aus der Modelbranche schrieb ich meine Geschichte auf. Je mehr ich schrieb, desto mehr nahm mich meine Vergangenheit wieder gefangen. Der Schmerz von damals kam wieder an die Oberfläche. Und je mehr das passierte, desto mehr Hautausschlag bekam ich! Und je mehr Ausschlag ich bekam, desto mehr Salben probierte ich aus. Ich nutzte Peelings, Medikamente und andere Behandlungsverfahren, aber die Akne wurde nur noch schlimmer.

Ich starrte in den Spiegel und ertrug kaum, was ich da sah. Meine Haut war wieder von Pusteln übersät. Pickel verschandelten meine Stirn, meine Wangen waren gezeichnet von hässlichen Spuren. Ich hasste diese hässlichen Wunden. Ich hasste es, mich anzusehen – und je mehr ich das tat, desto größer wurden sie, und desto größer wurde auch die Angst, die mir den Nacken hochkroch.

Ich war wie gelähmt und verließ das Haus nur selten. Wenn mein Mann nach Hause kam, zog ich mich verschämt zurück und versteckte mein Gesicht. Die verschiedenen Behandlungen hatten meine Haut so trocken gemacht, dass ich sie wie Schlangenhaut abziehen konnte. Meine Kinder wollten wissen, „was mit Mamas Gesicht ist".

Unter dem nachtschwarzen Sternenhimmel hämmerte ich mit meinen Fäusten auf unsere Veranda ein und bat Gott, mich zu heilen. In einem verzweifelten, letzten Versuch, Hilfe zu bekommen, nahm ich die stundenlange Anreise zu einem bekannten Hautarzt auf mich. *Er wird mir bestimmt helfen können. Er wird mir irgendeine Wundertinktur verschreiben und alles wird wieder gut.* Der Arzt untersuchte mich gewissenhaft. Er bemerkt nicht nur meine Wunden, sondern auch meine Angst. Als ich ihm aus meinem Leben erzählte, kamen mir die Tränen. Ich konnte kaum sprechen.

„Meine Liebe", sagt er voller Mitgefühl. „Sie sind keine Aknepatientin, sondern eine Herzpatientin."

Ich beugte mich etwas vor, um sicherzugehen, dass er auch wirklich die Pickel sah, die mein Gesicht so entstellten. „Ihr Problem hat nichts mit Ihrer Haut zu tun. Ursache sind eher Ihr Herz und Ihre Gedanken", sagte er.

Ich fing an zu reden, ohne wirklich zu wissen, was ich eigentlich sagte. Ich verhaspelte mich ständig und musste mir immer wieder die Tränen abwischen und mich sammeln. Der Arzt verschrieb eine Hormontherapie, deren Wirkung erst an Ostern einsetzen würde. Es war aber noch nicht einmal Herbst!

Ich bekam Panik. Mein Gesicht war entstellt. Ich wollte etwas verschrieben bekommen, das *jetzt* und sofort half! Stattdessen empfahl er mir Seelsorge. „Wenn Ihre Seele geheilt ist", sagte er, „wird auch die körperliche Heilung nicht mehr auf sich warten lassen."

Er schickte mich den Gang runter zu einer Kosmetikerin. Während ich auf dem Behandlungstisch lag, hoffte ich, dass sie eine Wunderlösung besaß, die diesen Quatsch sofort beendete. Hatte sie aber nicht. Stattdessen empfahl sie mir, nicht mehr in den Spiegel zu schauen.

„Nimm dir einen Monat frei vom Spiegel", sagt sie.

69

„Tu etwas, das du gerne machst. Denk an Dinge, die dich glücklich machen. Sieh nicht in den Spiegel."

Ich weinte fast die ganze Rückfahrt über und fing mit meinem Spiegel-Fasten an, als ich zu Hause war.

Ich verkündete meiner Familie, dass ich mich nicht weiter auf meine Haut konzentrieren wollte. „Ich bin mehr als nur meine Haut", sagte ich meinen Kindern.

Vierzig Tage lang sah ich nicht in den Spiegel. Morgens setzte ich bei spärlicher Beleuchtung schnell meine Kontaktlinsen ein, kämmte kurz meine Haare und ließ das mit dem Make-up einfach komplett sein. Mein Gesicht war sowieso zu wund für Make-up. In der frei gewordenen Zeit tat ich das, was ich liebte: Ich las die Bibel und schrieb. Ich lernte, mich vom Spiegel abzuwenden. Als mir zum Beispiel auffiel, dass ich im Auto immer wieder in den Rückspiegel blickte, um meine Haut zu überprüfen, kippte ich den Spiegel einfach so, dass ich mich nicht mehr sehen konnte. Ich hörte komplett damit auf, mich in Auto- oder Schaufenstern zu betrachten.

Etwa drei Wochen meiner Fastenkur waren vorbei, ich brachte meinen Sohn zur Vorschule und traf dort auf seine Lehrerin.

„Jen!", rief sie. „Du strahlst ja richtig! Was hast du gemacht?"

An dem Morgen hatte ich in der Bibel gelesen, dass das Wort Gottes dem Auge Licht und dem Gesicht ein Strahlen gibt.

Denkst du wirklich, Schönheit ist wie eine Frau, die aussieht wie eine Puppe und nicht wie ein Kind mit schokoladenverschmiertem Gesicht, das staunend den Mond betrachtet?

Irgendetwas war passiert bei meinem Spiegel-Fasten. Ich fand heraus, was ich gerne tat und was mich glücklich machte. Durch das ständige In-den-Spiegel-Schauen war ich viel zu sehr mit meinem Aussehen beschäftigt. Ich hatte das vorher nicht erkannt. Indem ich dem Spiegel den Rücken kehrte und mich durch Gottes Augen betrachtete, fand ich zurück zu dem, was wirklich zählte. Gottes Blick ändert sich niemals. Ich las Tag und Nacht in der Bibel, stapfte Wanderwege in den Bergen entlang und zählte die Sterne über dem See. Ich lachte mit meinen Kindern und vergaß, wie ich aussah. Ich schrieb mir das Herz aus dem Leib. Endlich erzählte ich meine Geschichte.

Als die seelische Heilung einsetzte, kam auch die körperliche Genesung. Ich habe in dieser „Fastenzeit" viel über Schönheit gelernt. Ich sah mich dadurch selbst in einem anderen Licht.

Ähnlich muss es für Blinde sein: Sie lernen, mit dem Herzen zu sehen.

Ein Liebesbrief vom Himmel

Meine geliebte Tochter,

ich sehe, wie du dir Sorgen machst über Dinge, die du nicht kontrollieren kannst. Gib die Kontrolle an mich ab. Lass deinen Körper los und alle Vorschriften, die du ihm machst. Ich habe ihn geschaffen und geformt – ich kenne ihn am besten.

Denkst du wirklich, Schönheit ist wie eine Frau, die aussieht wie eine Puppe – und nicht wie ein Kind mit schokoladenverschmiertem Gesicht, das staunend den Mond betrachtet?

Denkst du wirklich, deine kleinen Makel zeigen, dass ich unfähig bin? Denkst du, ich bin kein guter Künstler, bloß weil ich dich nicht perfekt gemacht habe?

Ich weiß, was Schönheit ist. Ich habe die Bäume so gemacht, dass sie ihre Blätter verlieren, damit Kinder in den Blätterhaufen tanzen können. Ich habe einem Mädchen die Stimme eines Engels gegeben, einen Körper, mit dem sie über die Bühne tanzen kann, und einen goldgelben

Sonnenaufgang, um sie an mich zu erinnern. Tag und Nacht überziehe ich die Welt mit meinem Namen: Schöpfer. Ich habe dich in den Tiefen der Erde gemacht; ich habe dich kunstvoll erdacht. Du bist meine Poesie, meine Schöpfung. Du bist eine handgemachte Vase, ein Wandteppich, dem ein Traum ins Herz gewebt wurde. Du bist schön. Wertvoll. Du bist die nächste Generation der Schreiber, Tänzer, Sänger, Lehrer und Weltveränderer. Die, die zu mir gehören, bilden das Kaleidoskop ab, das ich selbst bin – zusammen seid ihr alle mein Bild!

Doch ich weine, wenn ich sehe, dass meine Kinder ihre wundervollen Körper wie Müll behandeln. Wenn du dich misshandelst, tut mir das weh, und ich möchte, dass du das weißt.

Ich höre die Welt sagen: „Es ist dein Körper, du kannst damit machen, was immer du möchtest." Aber ich sage das nicht. Hast du deinen Körper gemacht? Hast du ihn mit deinen eigenen Händen hergestellt? Hast du ihn mir abgekauft? Was hast du denn dafür bezahlt?

Ich habe den Preis bezahlt. Ich habe alles, was ich hatte, für dich ausgegeben. Ich habe die Peitschenhiebe mit meinem Körper ertragen, um deinen Körper zurückkaufen zu können. Ich bin dein Schöpfer und dein Körper ist meine Schöpfung. Wenn ich ein Meisterwerk erstelle, bin ich stolz auf meine Schöpfung. Du bist mir sehr gut gelungen und ich arbeite weiter an dir. Vergiss nie, dass du mein Designerstück bist.

Dein dich liebender Vater

Sehnsucht nach Heilung

In der Bibel steht eine Geschichte von einer Frau, die schon zwölf Jahre lang Blutungen hatte. Als Jesus in ihren Wohnort kam, drängte sie sich durch die Menschenmenge, um zu ihm zu kommen. Ihr einziger Gedanke war: *Wenn ich es schaffe, nur sein Gewand zu berühren, werde ich bestimmt geheilt.* Und als sie dann sein Gewand berührte, hörten die Blutungen tatsächlich auf. Jahre voller Erniedrigungen und Ablehnung, Jahre emotionalen Ausblutens und Jahre ohne Kontrolle über den eigenen Körper waren plötzlich zu Ende.

Statt zu versuchen, die Kontrolle über ihren Körper zu gewinnen (was aussichtslos war), streckte sie sich nach Jesus aus – nach dem, der ihren Körper gemacht hatte und ihn als Einziger heilen konnte. Aber Jesus wollte nach der Heilung nicht einfach seiner Wege ziehen und sie vergessen. Er wollte ihr Gesicht sehen. Also blieb er stehen. Er suchte sie in der Menschenmenge. Als er sie gefunden hatte, kam sie zitternd zu ihm und erzählte ihm ihre ganze Geschichte.

Daraufhin nannte er sie „Tochter". Im Spiegel seines Gesichtes konnte sie sehen, wer sie wirklich war. Sie war kein unvollkommenes, verwirrtes Mädchen, das niemand zu schätzen wusste. Sie war ihm kostbar, er hatte sie mit seinen eigenen Händen gemacht. Sie war mehr als ihr Körper, sie hatte eine Seele. Ja, diese Frau hatte den Mut, sich durch die Menge zu drängeln, sich nicht mehr darum zu kümmern, was die anderen von ihr dachten, und sich zu Jesus durchzukämpfen. Was bekam sie im Gegenzug? Einen neuen Ernährungsplan? Ein neues Medikament? Einen neuen Fitnessplan? Nein. Sie bekam von ihm seinen Segen. Jesus segnete sie mit Freiheit und Frieden.

Ich weiß noch, wie ich mich nach Jesus ausgestreckt habe. Er hörte mich im gleichen Moment, in dem ich ihn gerufen habe. Im Laufe der Zeit habe ich es geschafft, ihm meine „ganze

Wahrheit" zu sagen, und er hat mir wirklich Freiheit, Frieden und die Gewissheit gegeben, dass er mich genau so gemacht hat, wie er es wollte. Ich musste nicht länger ein anderer Mensch sein. Ich durfte einfach seine Tochter sein, seine Schöpfung, in seinen Augen war ich wunderschön.

Alle, die zu mir gehören, bilden das Kaleidoskop ab, das ich selbst bin – zusammen seid ihr alle mein Bild!

Sich in seiner Haut und seinem Körper wohlzufühlen heißt zu akzeptieren, dass er sich immer verändern wird und du nie die volle Kontrolle über ihn haben wirst. Es bedeutet, die Entscheidung zu treffen, dass der Spiegel, die Waage und deine Jeansgröße nicht bestimmen, wer du bist. Gott bestimmt dies. Du kannst dich feiern, weil du ein Farbklecks in Gottes großer Schöpfung bist. Du gibst das Bild dessen wieder, der dich geschaffen hat.

Sich mit seinem Körper zu versöhnen heißt, sich um ihn zu kümmern, weil du es wert bist. Es bedeutet, gesund zu essen, regelmäßig Sport zu treiben und deinen Körper zu genießen, weil er deine ganz persönliche Ausdrucksform ist. Die Herausforderung an dich ist, das Beste aus dir herauszuholen. Wenn deine Mutter, Großmutter, deine Schwestern, Freundinnen und ich dasselbe tun, können wir so die Welt mehr segnen als eine Kleidergröße oder eine Zahl auf der Waage das jemals könnten. Wir könnten der Welt unseren Stempel aufdrücken, indem wir sie segnen mit der Schönheit, die damit beginnt, dass wir auf die inneren Werte aufmerksam machen. So leuchten wir hell von innen nach außen.

Meine Freundin Kaylie steht als Friseurin immer noch den ganzen Tag vor dem Spiegel. Mittlerweile hat sie sich nach ihrem Heiler, nach Gott ausgestreckt. Und das ist der Grund, warum jeder, der ihren Salon betritt, in die Gegenwart des Schöpfers kommt. Viele von Kaylies Kundinnen kämpfen mit ihrem

Spiegelbild. Deshalb schneidet Kaylie nicht nur ihre Haare, sondern hört ihnen zu, spendet ihnen Trost, schenkt ihnen Liebe und Rat. Die Kundinnen werden von einer Frau berührt, deren Herz, Körper und Seele zuvor von Gott berührt worden sind. Es liegt Kraft darin, sich nach diesem göttlichen Heiler auszustrecken. Wenn wir das tun, kommt seine Kraft zu uns zurück, dann erreicht er damit andere – durch uns.

Der himmlische Wechsel

Als ich ein kleines Mädchen war, habe ich viel Zeit mit meiner Großmutter Betty verbracht. Oft haben wir zusammen in ihrem Garten Erdbeeren geerntet und in Puderzucker gedippt.

Wie bei einer langen Kerze, die schon eine Weile brennt, neigte sich der ganze Körper meiner Großmutter Richtung Fußboden. Sie litt an Osteoporose, ihre Wirbelsäule war dadurch gekrümmt und bucklig.

Jedes Mal, wenn ich sie besuchen kam, sah sie durch den Türspion, und wenn sie mich sah, riss sie die Tür auf und klatschte vor Freude in die Hände. Sie leuchtete von innen her und ihre Augen funkelten wie Saphire.

In der Welt, in der meine Oma groß geworden war, gab es weder Botox noch Bräunungscreme. Für sie kam so was auch nicht infrage. Sie übte gerade zu stehen, aß Lachs und Spinat, machte Wassergymnastik und tat ihr Bestes, um ihre Schlüssel und ihre Brille nicht andauernd zu verlegen. Innerlich wurde sie niemals alt. Sie mag einen Buckel gehabt haben, aber sie war dennoch schön und strahlte. Sie sagte mir immer: „Weißt du, innen bin ich genau so wie immer, ich sehe jetzt nur anders aus."

Als ich meine Oma das letzte Mal in die Arme nahm, war ich hochschwanger mit meiner Tochter Olivia. Sie war müde, ich legte mich mit ihr aufs Bett und massierte die verspannten Muskeln ihrer Wirbelsäule, bis sie einschlafen konnte. Zwei Tage später wurde Olivia geboren und meine Oma kam ins Krankenhaus. Leider kam sie dort nicht mehr lebend heraus.

Als ich von ihrem Tod erfuhr, sank ich weinend zu Boden. Ich hatte mir so gewünscht, dass sie meine neugeborene Tochter noch im Arm halten konnte, aber dazu kam es nicht mehr.

Doch in den besonderen Stunden, wenn ich mich mitten in der Nacht um Olivia kümmerte, ihre zarte, weiche Haut berührte, erahnte ich das Geheimnis des himmlischen Wechsels. Früher hatte meine Oma mich gehalten. Als sie dann alt war, hielt ich sie. Dann haben wir in gewisser Weise beide Olivia gehalten und eines Tages wird Olivia mich halten.

Eines Tages werde ich meine Oma Betty wiedersehen, sie wird dann jung und kerzengerade sein. Sie wird wahrscheinlich von ihrem Erdbeerfeld aufsehen und vor Freude in die Hände klatschen, wenn sie mich kommen sieht.

Wir sollen im Glauben leben, nicht nach dem, was wir sehen; unsere Augen nicht auf das richten, was wir sehen, sondern das, was wir nicht sehen. Was wir sehen, ist nur zeitlich begrenzt, aber was wir nicht sehen, ist ewig (siehe 2. Korinther 4,18).

Es ist eine Lüge, dass Schönheit nur in dem wahrnehmbar ist, was man sehen kann. So wie Gott die Meere geschaffen hat und alles, was darin wohnt, hat er auch uns mit einer tiefen Schönheit erfüllt, die man an der Oberfläche nicht sehen kann. Es ist unsere Aufgabe, in die Tiefen unserer Seele zu tauchen und die Schätze zu entdecken, die dort liegen. Es liegt an uns, sie an die Oberfläche zu bringen und die Welt mit ihrem Wert zu segnen.

Was kannst du richtig gut? Was macht dich glücklich? Welche Liebe kannst du weitergeben? Nimm diese großartige Wahrheit an: Du bist Gottes wunderbares Geschöpf.

Die dritte Lüge:
Du bist, was die Zeitschriften
über dich sagen

Der Teufel ist ein ziemlich guter Lügner.

666 Arten, dich zu ändern

In einem Fach meines Kleiderschranks liegt ein Stapel mit Modemagazinen. Direkt daneben der Stapel mit Fotos meiner Modelmappe von *Ford, Model Team, Fashion, Nova, Vivian's.* Beide Stapel haben etwas gemeinsam: Sie enthalten die gleichen Lügen. Lügen, die verführerisch sind.

Als Teenager habe ich Bilder aus diesen Magazinen herausgerissen und an meine Zimmertür geklebt. Ich war fasziniert von ihrer Perfektion und hielt die Gesichter und Körper dieser Frauen für das Maß aller Dinge in Sachen Schönheit. Als ich dann selbst Model war, fand ich es total aufregend, Bilder von mir selbst in einem dieser Magazine zu sehen. Manchmal gefielen mir die Bilder, manchmal nicht. Aber die Vorstellung, in einem solchen Magazin vorzukommen, war einfach umwerfend.

Perfekte Fotos bedeuten nicht, dass die Mädchen perfekt sind.

Im Lauf der Jahre, in denen ich überall auf der Welt gemodelt habe, wurde mir sehr deutlich, dass Bilder nicht immer die Realität widerspiegeln. Perfekte Fotos bedeuten nicht, dass die Mädchen perfekt sind. Ich habe lange genug mit Models zusammengelebt, die mit Essstörungen, Drogenmissbrauch, schlechtem Selbstwertgefühl und einem Riesenhunger nach Schutz und Bestätigung zu tun hatten. Ich habe also aus nächster Nähe miterlebt, wie groß der Unterschied zwischen den normalen Mädchen in meiner Wohngemeinschaft und den Glamourgirls in den Magazinen ist.

Mir ist klar geworden, dass die Frauen in den Magazinen zwar makellos aussehen, sie in Wirklichkeit aber genauso menschlich sind wie die Mädchen, die die Zeitschriften durchblättern.

Ich saß also vor diesem Fach in meinem Schrank und fing an, mir die Magazine vor dem Hintergrund dieser Erkenntnis anzusehen. Dabei wurde mir einiges klar.

Hier ist eine Zusammenstellung von Magazintiteln, die ich im Lauf der Jahre gesammelt habe:

- 875 Tipps für's Schönsein
- 859 Tipps, toll auszusehen
- 656 Ideen für Mode und Schönheit: Jetzt gut aussehen!
- 624 Tipps, wie Sie das Beste aus Ihrem Look machen
- 300 Sommerkleider, Handtaschen, Sandalen und sexy High Heels
- 259 neue Looks für jede Figur und jeden Geldbeutel
- 245 tolle Wunderprodukte für Haut, Haare & Körper
- 240 Schuhe, Handtaschen und neue Looks
- Wie man frische, klare Haut bekommt; glänzendes,

sexy Haar; einen schlanken, schönen Körper und glänzende, makellose Nägel

- Welche Kleidung Sie schlanker aussehen lässt und welche Jeans perfekt dafür ist
- Der beste Körper, den Sie je hatten! Stoffwechsel anregen, schönere Kurven und ewig junge Haut bekommen!
- Das Geheimnis des besten Pos, den Sie je hatten! Perfektes Haar und ein strahlendes Aussehen! Schönheit für unter 10 Euro!
- Bekommen Sie dieses Jahr alles, was Sie wollen: einen tollen Körper, Massen an Geld, fantastische Kleidung und Riesenselbstvertrauen!
- Was können Sie in 30 Tagen wirklich verändern? EINE MENGE! Der Boost für Ihr Sexleben, Ihre Freundschaften, Ihren Hintern!

Wenn ich das also richtig sehe, gibt es Tausende von Dingen, die wir tun, kaufen und verändern müssen, um glücklich und zufrieden zu sein – und die Magazine haben die Antwort auf alles.

Okay, der Fairness halber muss ich sagen: Ich interessiere mich für Stil, Design, Make-up, Haare und Haut. Natürlich möchte auch ich schöne Haut, nette Outfits, tolle Schuhe, gutes Make-up, glänzendes Haar und einen straffen Po! Aber in der Welt geht es nicht nur um uns und unser Aussehen, die Welt braucht mehr Frauen mit einem Blick nach außen. Einem Blick, der weg von sich selbst und hin zu anderen führt.

Wenn wir unseren Blick nur auf uns selbst richten und Seite für Seite Modelzeitschriften anschauen, Seiten voll mit Handtaschen, Schuhen, Schmuck, Kleidung etc., die sich nur wenige von uns leisten können, rate mal, was dann passiert.

Studien zeigen, dass ein paar Minuten reichen, bis bei sieben von zehn Frauen Schuldgefühle, depressive Gefühle, Scham und Wut hochkommen, wenn sie Modemagazine anschauen. Warum ist das so? Weil wir uns unrealistische Bilder von Schönheit ansehen, die nicht zu uns passen. Was die Magazine als perfekt darstellen, kommt in unserem wirklichen Leben nicht vor.

Ich glaube, dass es gut ist, schicke Kleidung, schöne Haare und Make-up zu haben. Es ist gut, sich um den eigenen Körper zu kümmern. All das ehrt unseren Schöpfer, der Schönes liebt und uns gerne schmückt. Aber sollten unser Aussehen und unser Schmuck das Wichtigste sein? Wenn Frauen glauben, was in den Magazinen steht, geht es ihnen dann besser oder doch eher schlechter?

Frauen und Mädchen, die Model- und Fitnessmagazine lesen, sind doppelt so sehr gefährdet, ungesunde Essgewohnheiten zu entwickeln als jene, die sich nicht mit solchen Zeitschriften und solchen Themen beschäftigen. Die zahlreichen Gesundheitstipps in diesen Magazinen werden überschattet von dem Gefühl, das die Leserinnen haben, wenn sie sich mit den Fotos vergleichen. Frauen bekommen den Eindruck, nicht gut genug zu sein, und quälen sich mit dem Blick auf die Hochglanzseiten, die voll sind mit retuschierten Stars.

Die Frage ist, ob wir wirklich Models und Prominenten nacheifern wollen, oder ob wir unsere eigene, individuelle Schönheit finden wollen. Das durchschnittliche Model repräsentiert nicht die durchschnittliche Frau – Models sind dünner als 98 Prozent der Frauen. Mindestens ein Viertel der Frauen in amerikanischen Schönheitswettbewerben und dem „Playboy" erfüllen die Kriterien für Magersucht.

Ist das wirklich attraktiv? In den Augen der Welt: ja. In Gottes Augen: nein. Da ist nichts Schönes an Magersucht oder Ess-Brech-Sucht. In einer Welt, in der Kinder verhungern, sind Essstörungen etwas Dunkles und irgendwie Perverses.

Welchen Eindruck hinterlassen die Fotos in den Magazinen bei Mädchen und jungen Frauen? Es gibt Mädchen, die schon im Alter von sechs Jahren eine Diät machen. Über die Hälfte der Teenager möchte abnehmen. Viele Mädchen mit gesundem Normalgewicht halten sich für zu dick. Kleine Mädchen im Alter von zehn Jahren haben bereits großen Horror davor, dick zu sein, und rund dreißig Prozent der Mädchen im Alter von 17 Jahren zeigen hierzulande Hinweise auf eine Essstörung.[*] Ich selbst war auf den Titelseiten dieser Magazine. Wenn ich mir so etwas heute nur fünf Minuten lang ansehe, sehe ich sofort wieder meine Unzulänglichkeiten. Ich stehe dann kurz davor, mich zu vergleichen, eifersüchtig und wütend zu sein und mich selbst zu hassen. Aber ich tue es nicht, denn ich weiß, dass diese Bilder mit dem realen Leben nichts zu tun haben. Schon damals hat es mich nicht wirklich glücklich gemacht, in den Magazinen zu sein, und auch, wie ich heute im Vergleich zu solchen bearbeiteten Fotos wegkomme, bestimmt nicht meinen Wert.

Der Einzige, der unser verworrenes Herz entwirren kann, ist Gott.

Hast du dir schon mal überlegt, wie die Frauen in den Magazinen im wirklichen Leben sind? Viele der Covergirls waren schon in ärztlicher Behandlung, weil sie sich selbst ritzen, emotional instabil sind, weil sie abhängig sind von Alkohol und Drogen, an einer Essstörung leiden oder ihrem Körper auf sonst eine Weise nicht guttun. Du findest diese Mädchen in Kliniken, bei Therapeuten oder in wechselnden Beziehungen. Einem Covergirl des amerikanischen Teenager-Magazins *Seventeen* – ein Magazin, das berüchtigt ist für derbe Sprüche und

---

[*] https://de.statista.com/statistik/daten/studie/937/umfrage/ essstoerungen-bei-maedchen (abgerufen am 19.09.2016).

Fast-Nackt-Bilder – hat man Titel wie diesen über das Abbild ihres Körper geschrieben: „Flirt-Moves, die Jungs unwiderstehlich finden." Ein anderer Star, der gerade aus der Entzugsklinik entlassen worden war, posiert auf der Titelseite der *Seventeen* mit Überschriften wie dieser: „So wirst du von Jungs angebetet!" oder „HEISS aussehen im Bikini."

Was hilft es schon, im Bikini heiß auszusehen, wenn klar ist, dass du deinem Körper Schaden zufügst? Warum sollten Jungs dich anbeten, wenn es Gottes Plan ist, dass du *einen einzigen* Ehemann bekommen wirst?

Und was total verwunderlich ist: Die Frauen in den Magazinen altern nie. Wirklich? Eine genaue Analyse von Werbeanzeigen mit Prominenten zwischen 16 und 56 zeigt, wie gut das Bildbearbeitungsprogramm Photoshop ist. Egal ob die Frau 50, 40 oder noch ein Teenager ist: Ihre Haut hat auf den Seiten der Magazine immer die gleiche Beschaffenheit. Nicht eine von ihnen hat Narben, Falten, Linien, Flecken oder auch nur ein abstehendes Haar.

Hinter den Kulissen haben Prominente natürlich persönliche Trainer, Ernährungsberater und Schönheitschirurgen und geben eine Menge Geld für entsprechende Behandlungen aus.

Bei allen Frauen wurde das Aussehen von Profivisagisten, Haarstylisten und Modeberatern, Lichtspezialisten und Fotografen verändert. Hunderte ihrer Fotos werden bei der Vorauswahl einfach weggeschmissen und ein einziges Foto wird dann bis zur Perfektion mit Photoshop aufgehübscht.

Drei Magazincover sind meine absoluten „Favoriten": Das erste Cover – eines Magazins für plastische Schönheitschirurgie – ist betitelt mit „Alterslose Schönheit". (Meine Oma hat sich nie operieren lassen und ihre Schönheit war absolut zeitlos!) Nummer zwei ist die Titelzeile „Sofort glücklich!", das als

Überschrift über eine Frau gelegt wurde, deren Bild man so bearbeitet hatte, dass sie aussah wie Barbie. (Kleine Anmerkung am Rande: Ich *war* Barbie und kaufe denen die Lüge nicht ab, dass sich Glück sofort einstellen kann.) Und mein dritter Favorit ist die Zeile „176 Tipps für ein einfacheres Leben!", die über dem Bild einer 24-jährigen Singlefrau ohne Kinder steht. (Glaub mir, mit einem Mann, drei Kindern und einem Beruf habe ich keine Zeit für 176 Tipps. Mein Leben ist schon prall gefüllt mit Hunderten von Dingen und nur eine Handvoll davon geben ihm wirklich Sinn.)

Diese drei Covertitel sind einfach nur verrückt. Aber das Verrückteste ist: Wir haben die Magazine bisher ja noch gar nicht aufgeschlagen!

Cosmo spricht

In den USA ist die *Cosmopolitan* das meistgekaufte Monatsmagazin. Über hundert Millionen Teenager und junge Frauen in mehr als hundert Ländern der Erde lesen *Cosmo*. Wenn sich diese Leserschaft an einem Ort versammeln würde, wäre das das Land mit der zwölftgrößten Einwohnerzahl der Welt.*

Wenn wir uns eine Auswahl der Cover ansehen, finden wir Stars, die bei *Barney and Friends* angefangen haben, dann bei Disney Popstars wurden und jetzt im Wesentlichen posieren, um Sex zu bewerben.

Spärlich gekleidete junge Frauen lassen sich zu Objekten machen und andere Popstars, Models und Schauspielerinnen machen es ihnen vor. Manche der beliebtesten Schauspielerinnen in Hollywood posieren halb bekleidet auf dem Cover von *Cosmo*, unter Überschriften wie „78 Arten, ihn anzumachen", „21 freche

---

* Edith Zimmerman, „99 Ways to Be Naughty in Kazakhstan: How Cosmo Conquered the World", New York Times, August 2012.

Sex-Tipps" und „Schmutzige Lügenbräute", zum Teil direkt auf ihren Körper geschrieben. Die Covergirls suchen diese Titel natürlich nicht selbst aus, aber sie kennen die Botschaft von *Cosmo*. Ist diesen Idolen eigentlich klar, welche Botschaft sie an die hundert Millionen Mädchen senden, die diese Magazine lesen? Was will *Cosmo* vermitteln? Schauen wir uns das mal genauer an. Die erste Botschaft ist: Dein Körper ist ein Spielzeug und Sex ist ein Spiel. Das Konzept, das dein Körper Gottes Schöpfung und Sex etwas Heiliges zwischen Ehemann und Ehefrau ist, kommt in den Modemagazinen nicht vor. Die Botschaft ist, dass Sex eine natürliche Aktivität ist, die oft auch außerhalb der Ehe vorkommt – so ähnlich wie der Besuch im Fitnessstudio. Was für eine Lüge!

Cosmo lügt, indem sie dir erzählt, dass dein Körper dein Eigentum ist. Du hast das Recht, damit zu machen, was immer du möchtest. Doch in Wahrheit hast du deinen Körper weder gemacht noch gekauft, also ist er auch nicht dein Eigentum. In der Bibel steht, dass dein Körper Gott gehört, weil er ihn gemacht hat.

Die nächste Botschaft von Zeitschriften wie *Glamour, Vogue, Grazia oder Intouch Style* und verschiedener Online-Lifestyle-Magazine ist: „Dein Körper bestimmt zwar deinen Wert, aber er hat keinen." Mit anderen Worten: Dein Körper ist zwar die Quelle deines Wertes, aber er an sich hat keinen Wert. Du kannst ihn also ruhig Männern zur Verfügung stellen, ganz ohne unschöne Nebeneffekte. Falls dabei eine unerwünschte Schwangerschaft entsteht, ist den Magazinen zufolge Abtreibung durchaus eine Option, denn dein eigenes Fleisch und Blut haben ja keinen Wert.

Gott ist nicht so. Er sagt: *Dein Körper ist wertvoll. Dein Körper ist mein Tempel. Er ist mir heilig. Sex ist heilig. Schwangerschaft ist heilig. Kinder sind heilig.* Frauen, nicht Männer, machen diese

Magazine. Und auch die Frauen selbst entscheiden sich, sich zu Objekten zu machen. Das nennen sie „Freiheit". Aber die sexuelle „Freiheit" dieser Generation ist tatsächlich nichts anderes als Versklavung. Wenn junge Frauen ihren Körper für Sex hergeben, geben sie auch ihr Herz und ihre Seele her. Oft zerbrechen diese Beziehungen, so sehr die Frauen auch gehofft hatten, sie würden ewig halten. Was bleibt am Ende übrig? Kummer, Scham, Wut, Schuldgefühle, vielleicht eine Geschlechtskrankheit, eine Abtreibung, ein zerstörter Traum. Wenn sie am Ende dann womöglich doch den richtigen Mann finden und heiraten, nehmen sie all diesen Müll möglicherweise mit in ihre Ehe. Sex außerhalb der Ehe kann zu großem Kummer führen und wird oft ein Leben lang so sehr bereut, dass nicht einmal alle Seiten von allen Magazinen in der ganzen Welt Worte dafür finden könnten.

Nach den Geboten von *Cosmo* zu leben, ist für Frauen im realen Leben nicht hilfreich. Es führt nur dazu, den eigenen Körper als bloßes Objekt zu sehen und das Herz droht von Schuldgefühlen zerrissen zu werden. Wenn Frauen beschließen, mit diesem Lebenswandel zu brechen und einen guten Ehemann finden wollen, müssen sie lange suchen. Sie müssen jemanden finden, der ein Mädchen heiraten möchte, das ihren Körper herumgereicht hat. Wenn junge Frauen mit wechselnden Geschlechtspartnern ohne Beziehung zusammen waren und dann eine lebenslange Beziehung beginnen möchten, macht sich diese „sexuelle Freiheit" auch nicht bezahlt. Viele haben dann große Probleme, den wirklichen Sinn ihres Lebens zu finden.

Ich habe mein Leben Jesus kurz nach dem College anvertraut, und dann mit dem Sex gewartet, bis ich verheiratet war. Neben dem Entschluss, die Modelbranche zu verlassen, war das die beste Entscheidung, die ich je getroffen habe.

Meine Frage ist die: Wenn die jungen Cosmo-Leserinnen Lasten wie eine Abtreibung, Geschlechtskrankheiten, zerbrochene Beziehungen, irgendwelche Peinlichkeiten, Schuldgefühle und ein mit Scham gefülltes Herz mit in ihre Ehe nehmen, was passiert dann? Wird *Cosmo* ihnen helfen?

Ich glaube nicht. Der Einzige, der uns helfen und heilen kann, ist Jesus. Der Einzige, der unser verworrenes Herz entwirren kann, ist Gott. Und die Einzigen, die diese wunderbare Wahrheit annehmen und die Lügen ablehnen können, das sind du und ich.

Schütze dich

In vielen Kreisen bedeutet „Schütz dich" und „Safer Sex", ein Kondom zu benutzen. Aber ein Kondom kann nicht dein Herz schützen. Es hilft auch dem Herzen deines zukünftigen Ehemanns nicht. Mein Rat ist der: Schütze dich stattdessen dadurch, dass du dich unter Kontrolle hast. Ziehe klare Grenzen um dein Herz, deinen Körper und deine Seele. Lass nicht zu, dass du mit einem Jungen oder einem Mann irgendwo alleine bist, egal, wie sehr du ihm vertraust. Trink keinen Alkohol, wenn du ein Date mit einem Jungen hast. Noch besser wäre es, überhaupt nie Alkohol zu trinken. Lass die Finger von Drogen, denn sie nehmen dir die Chance, gute Entscheidungen zu treffen. Ich kenne Frauen, die bewusst bis zur Ehe enthaltsam gelebt haben. Du hast es in der Hand, dich ebenso zu entscheiden. Wenn du meinem Rat folgst, garantiere ich dir, dass du und dein Mann später darüber dankbar sein werden. Für deinen zukünftigen Ehemann ist es doch wunderbar zu wissen, dass du eine mutige Frau bist, die für sich selbst einsteht. Die sich aus der Masse hervorhebt, indem sie ihren kostbarsten Teil für ihn aufgehoben hat.

Was, wenn du wirklich daran glaubst, dass du es wert bist, dass man auf dich wartet?

Was wäre, wenn du anders wärst – wenn du ein Mädchen wärst, das wirklich daran glaubt, so wertvoll zu sein, dass es sich lohnt zu warten? Wenn du das tust, wirst du dir keine Geschlechtskrankheit einfangen oder der Frage gegenüberstehen, ob du als Schülerin, Studentin oder Auszubildende schon Mutter werden willst, und du wirst keine Beratungsstelle aufsuchen müssen, in der dir Abtreibung als Option genannt wird.

Menschen, die sexuelle „Freiheit" anpreisen, sehen eine Abtreibung einfach als das Entfernen von Gewebe, ähnlich einer Mandelentfernung. Aber in Wahrheit ist eine Abtreibung der Mord an einem Menschen. Sie verursacht bei der schwangeren Frau große seelische Schmerzen, die nicht einfach weggehen, sobald das Baby entfernt wurde.

Die andere Lüge, die unsere Gesellschaft verbreitet, ist die der „Geschlechtsneutralität" – als sei es egal, ob man Mann oder Frau ist. Das nennt man dann „politisch korrekt". *Glamour, Cosmo* und Co verbreiten außerdem die Vorstellung, dass es okay ist, bisexuell zu sein und nicht nur einen Sexpartner zu haben.

Gott hat Mann und Frau geschaffen, damit sie zusammenpassen. Du wirst „ein Fleisch" mit der Person, mit der du Sex hast. Sie ist nicht nur einfach ein Sexpartner, sondern ein Verbündeter, der Teil von dir selbst wird. Warum zum Beispiel fällt es einem Mädchen schwer, sich auf die Hausaufgaben zu konzentrieren, wenn sie Sex mit jemandem hatte und die Beziehung in die Brüche gegangen ist?

Ich lasse an deiner Stelle eine junge Frau diese Frage beantworten. Es ist die Antwort einer 18-Jährigen, die wegen Depressionen und Bulimie in Behandlung war. Sie erbrach sich bis zu sechs Mal am Tag. Sie sagt, das Ende einer Beziehung sei der Grund für ihre seelischen Probleme. In einer Sitzung mit ihrem Therapeuten beschrieb das Mädchen ihre erste Erfahrung mit sexueller Intimität so:

„Als es zu Ende war, tat es so sehr weh!" Sie weinte. „Ich muss die ganze Zeit an ihn denken. Ich kann nicht mehr zur Schule gehen, weil er da sein wird. Ich halte es nicht aus, ihn zu sehen. Ich war absolut nicht auf so etwas vorbereitet ... Warum, warum sagt man uns, wie man seinen Körper vor Herpes und Schwangerschaft schützt, aber keiner sagt einem, wie schwer es für das Herz ist?"

Schüler werden regelrecht bombardiert mit Infos über Verhütung, gesundes Essen, die Gefahren des Rauchens, die Wichtigkeit von Schlaf, Umgang mit Stress ... Aber keiner verliert ein Wort über die Auswirkungen, die Sex außerhalb der Ehe auf die Gefühle von Menschen hat!

Warum sind so viele Mädchen am Boden zerstört? Weil sie die Lüge glauben, dass es okay ist, seinen Körper herzugeben. Wenn du deinen Körper hergibst, gibst du auch dein Herz her. Du gibst deine Seele her. Versuche mal, einem Mädchen, dessen Herz wegen einer Abtreibung oder einer Vergewaltigung oder einer Trennung gebrochen ist, zu sagen, dass Sex eine sichere Sache ist, wenn man sich schützt. Versuch mal, einem Mädchen mit einer Geschlechtskrankheit zu sagen, dass Sex „safe" ist. Versuch mal, mir das zu sagen. Aber mir kannst du so etwas nicht erzählen. Die Welt wird dir sagen, dass „Safe Sex" mit Verhütung zu tun hat. Aber ich sage dir: Das ist eine Lüge. „Safe Sex" hat mit Selbstbeherrschung zu tun. Sicherer, geschützter Sex findet in einer gesunden, liebevollen Ehe statt.

Ein öffentlicher Raum oder ein heiliger Ort?

Wenn ich an einen Ramschladen denke, denke ich an einen Ort, an dem so ziemlich alles zu haben ist. Nichts hat einen besonders großen Wert. Alles ist günstig und das meiste ist nicht besonders gut für uns. Viele junge Frauen gehen mit ihrem Körper so um, als sei er ein Ramschladen. Jungs und Männer können einfach reinkommen und nehmen, was immer sie wollen. Sie dürfen alles schmutzig und verdreckt hinterlassen. Auf dem Boden der Seele dieser Frauen sind am Ende viele klebrige Fußabdrücke und Dreck. Unser Körper ist jedoch kein Ramschladen, er ist ein Tempel. Eigentlich sollten Wachleute vor der Tür stehen, denn in uns liegen große Schätze und Werte, Sinn und Potenzial.

Wofür entscheidest du dich? Möchtest du, dass dein Körper ein Ramschladen ist, wo alles günstig, einfach und schnell zu haben ist? Oder soll er ein heiliger Ort sein, wo alles kostbar ist und nicht jeder einfach hereinspazieren kann, ohne Gott vorher zu versprechen, dass er den Ort wie heiligen Boden behandeln wird?

Lassen wir uns nicht von *Cosmo* oder der Gesellschaft sagen, was „Safe Sex" ist. Lassen wir das unseren Schöpfer bestimmen. „Safe Sex" passiert in sicheren Grenzen, in der Ehe, dort, wo die Verbindung vor Gott beschlossen wurde, und deshalb genossen werden kann. Gesunder Sex innerhalb der Ehe ist wie ein Gedicht, wie eine Explosion. Es ist wunderschön, es ist heilig und es ist es so sehr wert, darauf zu warten!

Der beste Weg, dich selbst zu schützen, ist der, deine Ehe zu schützen, schon lange bevor sie überhaupt beginnt. Dazu musst du deinen Feind kennen. Dein Feind hasst Gott, dich und die Ehe. Ich meine damit den Teufel. Er ist ein ziemlich guter Lügner. Die Covergirls sehen super aus, ihre verführerischen Outfits und ihre sexy Ausstrahlung sind süß wie Honig. Aber unter der Oberfläche haben wir das gleiche Problem wie damals im Garten Eden. Der Feind überredet Eva, ihrem Appetit nachzugeben und Entscheidungen zu treffen, die sie von ihrem Ehemann entfremden und gegen Gottes klare Gebote gehen. Weil Eva diesem kleinen Lügner Glauben geschenkt hat, sind Scham, Schuld und Bedauern zu ihrem „Schmuck" geworden.

Die zugrunde liegende Lüge ist: Wenn etwas gut aussieht, dann ist es auch gut. Aber die Wahrheit ist: Nur weil etwas gut aussieht oder gut klingt, heißt das noch lange nicht, dass es gut *ist*. Es mag an der Oberfläche schön aussehen, aber darunter liegt ein Schmerz, den du nicht ertragen möchtest.

Schlachtruf

Ich weiß, ich bin knallhart beim Thema Sex. Das bin ich, weil du wichtig bist. Sex ist wichtig. Dein zukünftiger Ehemann ist wichtig. Deine emotionale Gesundheit ist wichtig. Dein Körper ist wichtig. Deine zukünftigen Kinder sind wichtig. Das ist die Wahrheit und deshalb kommt hier mein Schlachtruf: Warte mit dem Sex, denn du bist das Warten wert!

Wenn du den Fehler gemacht hast, deinen Körper eher wie einen Ramschladen als ein Heiligtum zu behandeln, dann gibt es einen Ausweg. Dann gibt es Vergebung für dich. Jesus hat den Tempel abgebrochen, um ihn wiederaufbauen zu können. Er kann dasselbe auch für dich tun. Wenn du deine Fehler bekennst, um Vergebung bittest und dich ihm anvertraust, wird er dich wiederaufbauen zu einem Tempel, der seinen Namen ehrt. Er ist gestorben, um dich von den Folgen deiner Sünde zu befreien, und er kann dich auch von ihren Nachwirkungen heilen.

Was wäre, wenn die Mädchen und jungen Frauen in deiner Generation aufstehen und sagen würden: „Ich bin *mehr* als mein Körper! Ich habe ein Herz, einen Verstand und einen Geist. Mein Körper ist kostbar und ist es wert, bewahrt zu werden!" Was, wenn wir alle aufstehen und schreien würden: „Ich nicht! Schluss damit! Frauen sind keine Gegenstände. Frauen sind nicht einfach nur ‚Fleisch'. Wir sind für mehr bestimmt! Mädchen sind es wert, dass man für sie in die Dunkelheit des Herzens hinabsteigt und sie rettet! *Cosmo* lügt!"

Zusammen würden wir die wahre Bedeutung von Freiheit aussprechen. Zusammen könnten wir einen richtigen Schlachtruf brüllen. Aber es geht nicht nur um einen Schlachtruf für Frauen und Mädchen. Es geht auch um Männer. Unsere zukünftigen Ehemänner und Söhne sind es wert. Die Modemagazine vermitteln nicht nur, dass Frauen eigentlich wertlos sind, sondern damit auch ihre zukünftigen Ehemänner. Wer auch immer dieser zukünftige Ehemann ist, er verdient es, mit Respekt behandelt zu werden. Deinen Ehemann zu respektieren, bevor du überhaupt weißt, wer das sein wird, bedeutet, daran zu glauben, dass nicht nur du das Warten wert bist, sondern auch er. Er ist es wert, dass du deinen Körper schützt und für ihn sorgst, als sei er ein Tempel – und kein Ramschladen.

Ein guter Ehemann ist ein Schatz. Wo auch immer du auf deiner Reise durchs Leben bist, du tust gut daran, ihn schon jetzt wertzuschätzen!

Eine bessere Überschrift

Es wird Zeit, dass junge Frauen aufstehen und ihre Stimmen dafür einsetzen, die Wahrheit auszusprechen. Es ist Zeit für eine bessere Überschrift.

Die Zusammenhänge zwischen außerehelichem Sex, Alkohol- und Drogenmissbrauch, Essstörungen, gebrochenen Herzen und zerbrochenen Träumen werden in *Seventeen*, *Glamour* und *Cosmo* nicht erläutert, aber ich habe mit eigenen Augen gesehen, wie all die Lügen aus den Magazinen sich auf Frauen und Mädchen ausgewirkt haben. Ich habe ihnen in die Augen gesehen und den Schaden gesehen, den ihr Herz genommen hat. Ich habe ihre langen, schmerzerfüllten Briefe gelesen und ihre zitternden Hände gehalten. Ich habe mir die Geschichten junger Frauen angehört, deren Blicke voller Schuldgefühle waren, habe meine Arme um die zarten Schultern weinender Mädchen gelegt. Ich habe erwachsene Frauen im Arm gehalten, die schluchzten, weil sie von der Lüge zerstört worden waren, dass ihr Körper nur ein Spielzeug für Männer ist.

Wenn die Magazine doch bloß solche Geschichten erzählen und diese Stimmen zu Wort kommen lassen würden! „Ich fühle mich nicht schön genug" könnte der Leitartikel heißen. Wir könnten jungen Frauen erklären, was wahre Schönheit ist.

„Warum tut mein Herz weh, obwohl mein Make-up perfekt ist?" könnte ein weiterer Artikel heißen.

„Warum hat er mich verlassen, nachdem ich ihm alles gegeben habe?" könnte ein Beitrag aus der Rubrik „Geschichten aus dem Leben" sein.

Ich stelle mir vor, was für Artikel ich sonst noch veröffentlichen würde:

„Achtung! Leichtfertiger Umgang mit Sex ist ein großer Fehler!"

„12 Wege, wie Sex dich außerhalb der Ehe verletzt"

„Eilmeldung: Dein Zukünftiger ist es wert, dass du mit Sex wartest – und du bist es auch wert!"

„Du bist geliebt! Kostbar! Heilig! Genau so, wie du bist!"

„Sex ist heilig!"

„Dein Körper ist ein wunderschöner Tempel. Erhalte jetzt deine Identität von Gott!"

Die dritte Wahrheit:
Du bist ein wunderschöner Tempel

Die Wolke der Herrlichkeit des Herrn erfüllte den Tempel.
2. Chronik 7,1

Toll!

Ich bin so müde, dass ich mich auf das Sofa lege. Eigentlich sollte ich an einem Vortrag arbeiten. Sofort überkommt mich das angenehme Gefühl der Erleichterung. Mein Kopf kommt zur Ruhe. Ich versinke in einen Traum.

Der Traum beamt mich auf eine riesige Wiese. Sie ist so weitläufig, groß und so real, dass mein Herz vor Freude hüpft. Jesus kommt auf mich zu. Er ist übermenschlich groß, hebt mich auf seine Schultern und trägt mich über die Wiese. Auf seinen Schultern sitze ich so hoch, dass ich endlos weit sehen kann. Ich sehe Berge und Wälder. Es ist einfach wundervoll!

Ich empfinde eine tiefe Zufriedenheit, wie man sie wohl nur im Himmel erleben wird: Ich bin erfüllt mit Freude und alle meine Bedürfnisse sind gestillt.

Er flüstert meinen Namen. „Jen", sagt er. „Hast du Lust, zum Tempel zu gehen?"

„Ja!", sage ich.

Also trägt Jesus mich auf seinen Schultern dorthin. Ich genieße es. Ich bewundere den Tempel, das Haus Gottes. Im Himmel wird das der erste Ort sein, an den ich gehe ...

Im Tempel ist Jesus keine menschliche Gestalt mehr. Er ist dort noch größer und noch wundervoller. Er ist das Lamm Gottes, das Lamm des Himmels. Ich bin umgeben von sehr vielen Menschen, die Jesus mit erhobenen Armen anbeten.

Gott wird bis ans Ende der Welt gehen, um seine Mädchen zu retten.

Das klingt verrückt, ich weiß. Aus der Menschenmenge heraus zwinkert Jesus mir zu, als wolle er sagen: „Ist das nicht toll?"

Und es *ist* toll! Auch ich hebe meine Hände und singe: „Halleluja!"

Pollys Geheimnis

Meine Freundin Polly wurde als junge Frau wie ein Ramschladen behandelt – nicht wie ein wertvoller Tempel. Polly glaubte die Lüge, dass ihr Körper ihren Wert bestimmt, aber zugleich eine wertlose Hülle ist.

An ihrer Geschichte kann man sehr gut sehen, wie mächtig Jesus ist. Er nimmt alles Hässliche weg, um es ans Kreuz zu nageln. Er bringt wahre Schönheit hervor.

Polly war sieben Jahre alt, als sie sexuell missbraucht wurde. Aus Angst, dass der Täter ihr noch einmal wehtun würde, erzählte sie niemandem davon. Sie vergrub das Geheimnis so tief in sich drin, dass es erst wieder an die Oberfläche kam, als sie schon eine junge Frau war. Als Polly elf Jahre alt war, trank sie bereits Alkohol und nahm Drogen. Mit 18 war sie eine Alkoholikerin, die als Nackttänzerin arbeitete.

Durch eine Seelsorgerin erkannte Polly schließlich, dass ihre Sexualität viel zu früh geweckt worden war. Das war die Ursache für ihr selbstzerstörerisches Verhalten. In der Bibel steht, dass wir die Liebe nicht aufwecken und nicht stören sollen, bis es ihr selbst gefällt. (Hoheslied 8,4). Sexualität gehört in die Ehe. Wenn Sexualität vor der Ehe praktiziert wird, kann dies viel in unserer Seele zerstören.

Polly glaubte die Lüge, dass ihr Körper nur ein Spielzeug war, um Männer zu erfreuen. Diese Lüge hat sie zerstört. „Ich habe diesen Männern mein Herz und meine Seele gegeben", sagt sie. „Ich habe nackt für sie getanzt und mir ihre lustvollen Äußerungen gefallen lassen. Ich dachte, ich hätte alles unter Kontrolle. Aber so war es nicht. Ich habe meine Seele verkauft." Sie wischte sich die Tränen ab, die ihr über das Gesicht liefen. „Ich fühlte mich vollkommen wertlos. Alles, was ich wollte, war Liebe."

Polly fühlte sich so leer, dass sie eines Tages mit einer Pistole auf dem Schoß durch die Gegend fuhr und ihrem Leid ein Ende setzen wollte.

Aber sie tat es glücklicherweise nicht, sondern legte die Waffe zurück und begann ein neues Leben. Sie wurde schwanger und heiratete. Ihr Alkoholproblem bekam sie jedoch nicht in den Griff. In der Folge wurde sie davon so depressiv, dass sie wieder all ihren Lebensmut verlor. Ihr Mann ging mit ihr eines Tages in eine christliche Gemeinde – und dort schließlich begann Pollys Weg zu Jesus. Genauer gesagt begann es mit der Diagnose „Gelenkrheumatismus", die eine langfristige, regelmäßige Medikamenteneinnahme erforderte. Die Medikamente hielten Polly davon ab, weiter Alkohol zu trinken. Sie wurde trocken. Und sie nahm die Welt um sich herum wieder war. Dies führte dazu, dass Polly Gottes Stimme hören konnte.

Polly, sagte Gott, *du bist meine Tochter und ich liebe dich.*

Langsam, aber sicher legte Gott die Wahrheit über ihren Wert in ihr Herz.

Polly begab sich in Behandlung, um die Bruchstücke ihrer Vergangenheit zu sortieren. Sie sprach über ihr tief sitzendes Geheimnis und streckte sich danach aus, heil zu werden. Der Mann, der Polly missbraucht hatte, wurde angezeigt.

Heute leitet Polly eine Beratungsstelle für Frauen, die aus der Sexindustrie aussteigen möchten. Ihr Traum ist es, dass jeder Mensch Gottes überschwängliche Liebe kennenlernt – vor allem Frauen, deren Leben wie ein Ramschladen behandelt wird.

Gottes Barmherzigkeit ist so groß. Das durfte Polly erfahren. **Gottes Liebe ist so weit, so hoch und so tief, dass er bis in die Tiefen deiner Seele kommt.**

Die Wahrheit ist: Du bist wertvoll. Dein Körper ist wertvoll. Du wirst geliebt.

Du bist Gottes geliebte Tochter. Gott geht bis ans Äußerste, um dich zu retten. Seine Liebe zu dir ist grenzenlos. Sie ist so weit, so hoch und so tief, dass sie alles überwindet, was sich ihr in den Weg stellt. Gott wird in die Wunden deines Herzens flüstern: „Du gehörst mir."

Ein Liebesbrief vom Himmel

Meine geliebte Tochter,

Mode- und Lifestylemagazine bestehen aus Worten und Bildern. Sie sind auf Papier gedruckt, das leicht im Feuer brennt. All diese Worte und Bilder haben keinen Bestand, es sind Lügen. Lügen sind gefährlich, wie Fallen. Du lebst dein Leben und glaubst, dass du nichts wert bist – und schon hängt dein Fuß in einer Falle. Hilfe schreiend fällst du zu Boden.

Vielleicht wurde dir deine Unschuld geraubt, vielleicht hast du sie auch leichtfertig weggegeben – beides tut mir so leid. Ich hatte nie vor, dass du, meine Tochter, wie ein Ramschladen behandelt wirst. Ich habe dich als heiligen Ort erschaffen, als meinen Tempel, in dem ich wohne und lebe.

Es bricht mir das Herz, wenn das Herz meiner geliebten Tochter zerrissen wird. Selbst wenn niemand sonst bemerkt, was da passiert: Ich weiß es.

Mein Herz schlägt für dich, mein Kind. Mein Rat an dich ist: Wende dich ab von dem, was die Magazine, die Werbung oder sonst jemand dir sagen. Wende dich in allen Dingen zuerst an mich. Durch den Glauben an meinen Sohn Jesus bist du makellos und rein.

Alles, was dich beschmutzt hat, kann durch seine grenzenlose Liebe wieder sauber gewaschen werden. In meinen Augen bist du rein. Jesus hat dies durch seinen Tod am Kreuz bewirkt. Dorthin hat er allen Schmutz und allen Schmerz gebracht.

Widme deinen Körper mir, er gehört mir ja ohnehin schon. Ich möchte der Herr deines Körpers – deines Tempels – sein.

In Liebe, dein himmlischer Vater

Geweihter Boden

Beim Bau eines Tempels war Gott immer schon sehr exakt. Im Alten Testament lesen wir die Anweisungen, die er Salomo gegeben hat, der für ihn einen Tempel baute. Gott gab Salomo die genauen Abmessungen des Tempels und sehr detaillierte Anweisungen.

Früher wohnte Gott in Tempeln, die von Menschen gebaut wurden. Seit Jesus Mensch geworden ist, ist *dein Körper* der Tempel, in dem er lebt.

Als Gott unseren Körper erschaffen hat, hat er auch sehr gründlich nachgedacht. Außen machte er uns wunderschön, innendrin machte er uns heilig. Das heißt, er kennzeichnete uns als heiligen, geweihten Boden, den niemand einfach so betreten darf.

Im Inneren von Salomos Tempel gab es Böden aus purem Gold und Wände, die verziert waren mit kostbaren Edelsteinen. Die Menschen, die den Tempel betraten, mussten vorher ihre Schuhe ausziehen, denn sie betraten ja heiligen Boden. Einmal im Jahr durften die Priester in das Herzstück des Tempels eintreten, in das Allerheiligste. Dort befand sich die Bundeslade mit den Zehn Geboten.

Modemagazine haben viel Einfluss auf die Menschen, aber das, was darin steht, wird vergehen. Nur das, was Gott sagt, wird Bestand haben. Seine Botschaft steht im krassen Gegensatz zu dem, was in dieser Welt gesagt, behauptet und versprochen wird. Gottes Botschaft dagegen lautet:

„Denkt also daran, dass ihr Gottes Tempel seid und dass Gottes Geist in euch wohnt! Wer diesen Tempel zerstört, den wird Gott richten. Denn Gottes Tempel ist heilig, und dieser Tempel seid ihr!" (1. Korinther 3,16–17). Und:

„Oder habt ihr etwa vergessen, dass euer Körper ein Tempel des Heiligen Geistes ist, der in euch wohnt und den euch Gott gegeben hat? Ihr gehört also nicht mehr euch selbst. Gott hat euch freigekauft, damit ihr ihm gehört; nun dient auch mit eurem Körper dem Ansehen Gottes in der Welt" (1. Korinther 6,19–20).

Dein Körper ist kein Ding, das gekauft oder verkauft oder leichtfertig verschenkt werden sollte. Dein Körper ist auch keine Sache, die analysiert und kritisiert werden sollte.

Dein Körper ist der Ort, an dem Gottes Geist wohnen möchte, wenn du es ihm erlaubst.

Vergeben

Als ich anfing meine Geschichte aufzuschreiben, erinnerte ich mich plötzlich an Details, die ich in den Jahren zuvor verdrängt hatte. Manche Wunde wurde wieder aufgerissen.

Ich spürte diese Wunden tatsächlich körperlich: Mein Kiefer schmerzte und ich bekam Hautprobleme. Die Ärzte sagten mir: Um geheilt zu werden, müsse ich über meinen Schmerz sprechen. Davon habe ich ja bereits erzählt.

Ich ging also zu einer Seelsorgerin und lernte, mir selbst zu vergeben. Das war ein Riesenschritt. Aber weiter ging ich nicht. Ich dachte, jetzt sei alles okay. In Wahrheit wollte ich nicht tiefer gehen. Ich wollte nicht bis in meine Kindheit zurückgehen oder mich mit all den Menschen beschäftigen, auf die ich tief in mir drin sauer war. Ich wollte einfach mit meinem Leben so weitermachen.

Dann hielt ich einen Vortrag. Im Publikum saßen lauter Geschäftsfrauen, denen ich meine Geschichte erzählte und die ich über die Lügen in den Modemagazinen aufklärte. Als ich die Titel auf den Magazinen vorlas und die Zeitschriften dann auf den Boden warf, dröhnte meine ganze Wut durch das Mikrofon, was mir zu dem Zeitpunkt allerdings nicht bewusst war.

Jahrelang hatte ich meine Geschichte vor Jung und Alt erzählt. Trotz der Routine, die ich entwickelt hatte, kam ich regelmäßig an den Punkt, an dem mir die Tränen kamen. Doch an dem Tag waren es nicht nur ein oder zwei Tränen, die ich einfach wegwischen konnte, dieses Mal liefen meine Tränen in Strömen.

Ein paar Monate später lud mich die Veranstalterin dieses Vortrages zum Mittagessen ein. Sie sagte zu mir: „Jen, die Tochter des Königs ist kein Opfer, sie ist eine Siegerin. Du scheinst immer noch wütend zu sein."

„Ich *bin* auch wütend!", rief ich. Ich war auf so viele Menschen wütend: auf meinen Vater, meinen Bruder und die Männer in der Modebranche. Ich war wütend auf die Models, die Magazine und die Medien an sich. Ich war außer mir vor Wut, weil es in meinem Leben so viele Situationen gegeben hatte, in denen Männer mich im Stich gelassen hatten. Mir war nicht klar, dass diese Wut nicht nur Auswirkungen auf meine Arbeit hatte, sondern auch auf meine Beziehungen.

Ich erkannte, dass ich lernen musste zu vergeben, um diese Wut loszuwerden. Von da an betete ich jeden Tag, dass Gott alles zum Vorschein bringen sollte, was meinen Tempel unrein machte, denn Dunkelheit und Licht können nicht gemeinsam in Gottes Tempel existieren.

Gott hilft uns dabei, seinen Tempel zu reinigen, und sicherzustellen, dass er ein Ort ist, an dem sein Licht leuchten kann. Er bringt das Unreine in uns zum Vorschein, damit der Tempel nicht nur von außen schön aussieht, sondern auch innen schön ist.

Ich musste also noch einmal in meine Vergangenheit schauen, um den Grund für meine Wut genauer ansehen zu können. Ich begriff, dass ich meine Modelmappe ein letztes Mal durchgehen musste, um heil zu werden. Für andere können es Tagebücher oder Fotoalben oder andere Erinnerungsbücher sein. Der Schlüssel zur Heilung ist, die Vergangenheit loszulassen, um frei in die Zukunft gehen zu können.

All die Fotos noch einmal anzusehen, war eine anstrengende und aufwühlende Erfahrung für mich. Wann immer ich in den vergangenen Jahren versucht hatte, die Bilder zu sortieren, kam ich einfach nicht bis zum Ende durch. Ich hatte jedes Mal aufgegeben und die Mappe wieder zurückgestellt. Nun musste ich da durch.

Oberflächlich betrachtet sahen die meisten Fotos ganz gut aus. Ich sah jedoch mehr in den Fotos. Ich sah hinter dem Bild auch den Kunden, der das Foto in Auftrag gegeben oder den Fotografen, der das Foto gemacht hatte. Männer – doppelt so alt wie ich oder noch älter – die mir häufig eindeutige sexuelle Angebote gemacht hatten. Diese Männer ekelten mich an. Und die Fotos in meiner Mappe wurden für mich Sinnbild für eine Welt, in der ich nichts wert war. Ich wollte sie am liebsten alle sofort verbrennen, ich spürte den Schmerz in meinem Herzen und die Wut schnürte mir die Kehle zu. Ich war so jung gewesen! So naiv! Warum trug ich immer noch diesen Schmerz mit mir herum?

Es ist viel einfacher, den Schmerz ganz unten in einen Karton zu packen und so zu tun, als gäbe es ihn gar nicht. Aber es macht die Vergebung schwerer. Wenn dir Menschen wehgetan haben, musst du dieser Tatsache ins Auge sehen. Stell dich der Tatsache, dass ihr Fehlverhalten dich verletzt hat, und wie sehr du dir auch selbst wehgetan hast.

Mein Mann Shane hat mir dabei geholfen, die Fotos durchzusehen und mich durch die Geschichten aus meiner Vergangenheit zu wühlen. Gott hat ihn gebraucht, um mir dabei zu helfen, was ich allein nicht geschafft hätte: Das Gute vom Schlechten zu trennen. Nicht alle meine Fotos standen für schreckliche Zeiten. Viele waren einfach okay. Viele hatten mit großen Abenteuern an wunderschönen Orten zu tun. Manche waren komplett in Ordnung. Die meisten Fotos waren von anständigen Leuten gemacht worden. Viele dieser Fotos bildeten außerdem meine Entwicklung vom jungen Mädchen zur Frau ab.

Es war meine Geschichte, und die war nicht nur schlecht.

Als Hunderte von Fotos auf dem Boden lagen, war ich endlich in der Lage, jedes Foto anzusehen und zu überlegen, was es wert war. War es mit einer negativen Erfahrung verbunden? War ich erniedrigt worden? War es okay gewesen? Ich machte zwei Stapel: „Behalten" und „Verbrennen".

Später standen wir im Garten unter einem sternenklaren Himmel. Shane holte eine Feuertonne, die wir mit den Fotos vom „Verbrennen"-Stapel füllten. Mein Herz wusste, dass Gott die unschönen Dinge in meinem Leben an die Oberfläche gebracht hatte. Ich musste mich ihnen nun stellen und sie loslassen.

Shane betete, während sich die Fotos meiner Vergangenheit langsam in Asche verwandelten. Der Schmerz, den andere Männer mir zugefügt hatten, würde nicht länger Auswirkungen auf die Männer in meinem heutigen Leben haben. Ich würde Männern wieder vertrauen. Ich würde nicht länger Bitterkeit in meinem Herzen tragen und mich damit vergiften.

An dem Abend wurden Teile meiner Vergangenheit zu einer Tonne voller Asche. Den ganzen Müll in meinem Herzen loszuwerden, hat für mich sehr viel verändert. Es bedeutete die Chance auf ein neues Leben: Ich würde jetzt nicht mehr als Opfer leben, sondern als Siegerin. Am nächsten Morgen fühlte ich mich wie neugeboren.

Loslassen und vergeben ist wichtig. Ansonsten hegen wir weiterhin Groll gegen die, die uns wehgetan haben. Manchmal wollen wir so dem Täter die Luft zum Atmen nehmen, weil auch er uns das Leben schwer gemacht hat. Aber mangelnde Vergebungsbereitschaft trifft nicht die, die uns wehgetan haben, sie erstickt stattdessen uns selbst. Wir können nicht frei sein, wenn wir einen anderen Menschen mit unserer Bitterkeit und unserem Groll gefangen genommen haben.

Das Verbrennen der Fotos war für mich der Anfang der *echten* Vergebung. Ich konnte nicht einfach über diese Männer sagen: „Ich vergebe ihnen" und mit einer Handbewegung alles wegwischen und vergessen. Ich musste jeder Verletzung konkret ins Auge sehen und sagen: „Ich vergebe ihm oder ihr für dieses oder jenes." Ich musste mit jedem dieser Menschen zum

Kreuz gehen. Und dabei immer auch meiner eigenen Schuld ins Gesicht sehen und bedenken, welche falschen Entscheidungen ich getroffen hatte. Ich musste die Verantwortung dafür übernehmen, dass ich mich selbst und andere verletzt hatte. Es fing mit dem Verbrennen der Fotos an, aber es war nur der Anfang. Diese Reinigungsaktion, der Weg der Vergebung, dauerte lange. Manchmal kam es mir so vor, als würde ich nie mehr auftauchen und Luft holen können. Aber mit der Zeit wurde mir klar, dass der Reinigungsprozess niemals wirklich aufhört. So ist Gott einfach. Sein Ziel ist es, uns zu einem Tempel zu machen, in dem sein Licht strahlen kann. Also bringt er immer mehr Licht in unsere Dunkelheit. Je mehr wir das zulassen, desto besser wird es uns gehen.

Das Tor namens „Wunderschön"

Sie sind so schön, denke ich, als ich meinen müden Kopf auf den Schoß meines Mannes ablege und auf den Fernseher starre. Er fährt schweigend durch mein krauses Haar, während in meinen Kopf der gewohnte Kampf stattfindet.

Wir schauen die Oscar-Verleihung. Viele wunderschöne Menschen kommen auf die Bühne, um ihren Applaus entgegenzunehmen. Der Saum ihrer langen, wallenden Kleider raschelt über den Boden. Sie sehen so perfekt aus – und ich fühle mich gerade überhaupt nicht so.

Während die Stars sich beklatschen lassen und aussehen, als seien sie einem Traum entsprungen, denke ich: *Ich werde niemals so aussehen wie sie. Was ist in deinen Augen schön, Gott?* Ich will es so gerne wissen.

Dann finde ich die Geschichte des Tempeltores, das „Wunderschön" genannt wird (siehe Apostelgeschichte 3,1–10). Die Geschichte erzählt, wie die Jünger Petrus und Johannes auf dem Weg zum Nachmittagsgebet einen Bettler vor diesem Tor sehen.

Der Mann ist von Geburt an gelähmt und wird jeden Tag zum Tempeltor getragen, damit er dort betteln kann. Als er Petrus und Johannes sieht, hält er ihnen seinen Becher entgegen, in der Hoffnung, etwas von ihnen zu bekommen. Die Jünger sehen ihm direkt in die Augen.

Mich erinnert das an die Leute, die ich damals im Park in München kennengelernt habe. Sie waren nicht zu beschäftigt, um einem verlorenen und traurigen Mädchen in die Augen zu sehen. Sie sahen ganz normal aus, man würde sie nicht auf einem roten Teppich finden. Sie nahmen sich Zeit und kümmerten sich um mich. Sie warfen nicht einfach nur eine Münze in meinen leeren Becher. Sie haben mir Wasser gegeben, das den Becher für immer füllt.

Petrus sagt zu dem Bettler: „Geld habe ich nicht. Aber was ich habe, will ich dir geben. Im Namen Jesu Christi von Nazareth: Steh auf und geh!" Dann streckt Petrus die Hand aus und hilft dem Bettler auf die Beine.

Obwohl er sein Leben lang gelähmt gewesen ist, werden die Beine des Mannes wie durch ein Wunder stark und er springt auf, um Gott zu preisen. Auf Petrus und Johannes gestützt läuft er in den Tempel und erzählt allen, was für ein Wunder ihm gerade passiert ist. Jeder erkennt natürlich den stadtbekannten Bettler, es entsteht ein großer Tumult um ihn.

Es gab eine Zeit in meinem Leben, in der war ich wie dieser Bettler am Tempeltor: verkrüppelt und leer, auf der Suche nach etwas, das mich erfüllt. Heute habe ich das Glück, eher wie Petrus und Johannes sein zu dürfen, indem ich anderen von Jesus erzähle, im Tempel lehre, Wunder verkünde und immer mal für Aufruhr sorge. All das hat angefangen, als Menschen sich die Zeit genommen haben, mir von Jesus zu erzählen.

Jesus ist das Tor. Du bist der Tempel. Sein Geist in dir ist wunderschön.

Nimm dir Zeit, um die leidenden Menschen um dich herum wahrzunehmen. Halte an für sie, sieh ihnen in die Augen und gib ihnen, was du hast. Berühre andere Menschen. Gib ihnen die Hoffnung, dass auch sie geheilt werden können. Für Gott ist Schönheit nicht das, was man auf dem roten Teppich sieht. Schönheit liegt in dem, was Jesus für uns getan hat. Schönheit ist das, was Gott in dich hineingelegt hat. Sei der Mensch, zu dem du geschaffen wurdest: ein Tempeltor namens „Wunderschön".

Die vierte Lüge:
Du bist die Maske, die du trägst

Ohne Maske sind wir am schönsten.

Die schönste Frau der Welt

Letztes Jahr hat das Magazin *People* gezeigt, wer „Die schönste Frau der Welt" ist. Ihr Bild kam natürlich auf das Cover. Man konnte ihre Haut, ihre Haare, ihre Kleidung und ihren Körper überall im Fernsehen, in Musik-Videos, Reality-TV-Shows, Zeitschriften usw. bewundern. Das Magazin erschien genau zu dem Zeitpunkt, als ihre Ehe in die Brüche ging. Eine Scheidung kann sehr schrecklich sein.

Dies wurde von den Medien natürlich ignoriert. Stattdessen applaudierten sie der „schönsten Frau der Welt". Die Medien stellten dar, wie toll sie aussah, obwohl sie zu genau dieser Zeit ihre Scheidung durchmachte.

Die Botschaft hinter dem Cover war: „Frauen können ihre Ehe beenden und dabei fantastisch aussehen!"

Es ist tragisch, wenn eine Familie zerbricht. Und es ist eine

Lüge, dass jeder toll aussehen kann, während man so etwas durchstehen muss. Wer behauptet, dass er das kann, trägt eine Maske.

Solche Masken machen mir Angst. Ich weiß, wie es ist, den Anschein zu geben, alles sei super – aber in Wirklichkeit ist gar nichts gut. So etwas tut weh! Mich überrascht es nicht, wenn ich eine Klatschzeitung aufschlage, in der etwas über die „Scheidung der Woche" steht. Da steht ein leidender Star, dessen Scheidung gerade das Topthema ist. Wie furchtbar!

In Hollywood spricht man mittlerweile vom „Fluch des Oscars". In den Jahren von 2001 bis 2010 haben nämlich sieben der Oscar-Gewinnerinnen in der Kategorie „Beste Hauptdarstellerin" erlebt, wie ihre Ehe zu der Zeit in die Brüche ging, als sie ihren Oscar erhielten. Während sie sich in glamourösen Outfits präsentierten, ging ihre wichtigste Beziehung kaputt und ihre Kinder litten darunter.

Es bleibt die Frage: Was ist schön? Was verdient Beifall? Was ist großartig und erfolgreich? Geht es wirklich um Leistungen, Preise, Bühnen und Applaus?

Oder ist Schönheit etwas, das niemand sieht? Drückt sie sich vielleicht darin aus, wie wir zum Beispiel unsere Eltern oder Klassenkameraden behandeln, mit unseren besten Freundinnen reden und wo wir nach Rat suchen?

Die Maske

Als Kind war ich von Michael Jackson fasziniert. Ich habe jede Biografie über ihn gelesen und Poster von ihm an meine Wände gehängt. Ich habe viele Zeitschriftenartikel über ihn gesammelt. Ich hatte sogar eine Puppe, die genau wie Michael aussah.

Michael war der selbst ernannte King of Pop. Von außen betrachtet talentiert, berühmt und reich. Er zog die Aufmerksamkeit von Millionen von Menschen auf sich und Paparazzi verfolgten jede seiner Bewegungen. Wo immer Michael hinkam, war er der Publikumsliebling. Die Leute waren buchstäblich von ihm besessen und haben ihn wie einen Gott angebetet. Doch hinter dieser Fassade war nicht alles in Ordnung. Seine inneren Kämpfe wurden für die Öffentlichkeit sichtbar, als er sich vielen OPs unterzog, um seine Nase zu verschönern und hellere Haut zu bekommen. Auf der Suche nach der perfekten Schönheit wurde er völlig entstellt.

Michael war nicht klar, was auch vielen Frauen und Mädchen nicht klar ist: Sie selbst sind schön, so wie sie sind. Als Michael starb, machte es mich traurig, dass er sich nicht durch die Augen seines Schöpfers hatte sehen können. Er war hinter einer Maske gefangen.

Masken verrutschen manchmal und wenn wir einen Blick dahinter erhaschen, sehen wir, dass das wirkliche Gesicht nicht immer mit der Maske übereinstimmt.

Glamour ist eine Illusion. Außen hübsch zu sein, heißt nicht zwangsläufig, dass man auch innen hübsch ist.

Nur weil jemand gut aussieht, muss er noch lange nicht gut *sein*. Was wir durch die Medien gezeigt bekommen, entspricht nicht immer der Wahrheit. Reichtum bringt keine wahre, dauerhafte Freude. Ruhm garantiert keine wirkliche Erfüllung und Talent ist nicht gleichbedeutend mit Liebe oder Glück.

Den Schmerz zu enthüllen, ist der Anfang der Heilung.

Eine der tragischsten Lügen in unserer Welt lautet: *Du bist die Maske, die du trägst.*

Wenn wir uns nicht von Männern, Spiegeln oder Magazinen bestimmen lassen, konzentrieren wir uns auf das Bild, das wir darstellen wollen. Wir stecken mehr Zeit und Energie in unsere Außenwirkung, als in die Pflege unseres Inneren.

Die Welt ist total auf Masken fixiert. Gut aussehenden Menschen wird applaudiert, egal wie schrecklich es in ihrem

Privatleben aussieht. Wer erfolgreich ist, wird beachtet. Die Bibel sagt uns, dass unser Herz von Dunkelheit erfüllt wird, wenn wir Bilder von Menschen anbeten, anstelle unseres Schöpfers (Römer 1,21–22). Warum ritzen sich heutzutage so viele Mädchen? Warum schaden so viele ihrem Körper mit Drogen, Alkohol, Essen und Sex?

Die Bilder, die uns die Medien zeigen, haben unseren Blick von Gott abgelenkt. Anstatt bei ihm nach unserer Schönheit und unserem Wert zu suchen, konzentrieren wir uns auf andere Frauen. Die Medien geben uns eine sehr enge Definition von Schönheit und Wert. Gott definiert Schönheit dagegen viel umfassender und abwechslungsreicher. Für ihn hat Schönheit etwas mit dem *Herzen* zu tun.

Es ist natürlich immer leichter, sich auf das zu konzentrieren, was man sehen kann und nicht auf das, was man nicht sehen kann. In dieser Welt werden Stars wie Götter verehrt. Es wird erwartet, dass wir ihren Glanz und ihre Leistungen bewundern, selbst wenn hinter ihrer Maske das Chaos tobt. Je mehr wir uns auf die Stars konzentrieren, desto schlechter fühlen wir uns. Wir fangen an Lügen zu glauben. Lügen, die sagen: *Du bist nicht genug. Du solltest mehr sein.*

Demaskiert

Meinen ersten Vortrag an einer Highschool hielt ich nur für Mädchen. Das Thema lautete „Demaskiert". Ich war für diese Veranstaltung gebucht worden, als ich gerade in meiner eigenen „Demaskierungsphase" steckte. Du erinnerst dich – ich kämpfte gegen meine Akne, indem ich nicht mehr in den Spiegel sah.

Als ich ankam, strömten die Mädchen mit Kissen und Taschen ins Gebäude. Die meisten von ihnen lächelten und waren gut drauf. Vielleicht weil ich, ein Exmodel, zu ihnen kam.

Vielleicht auch nur, weil sie nach dem Vortrag in der Schule übernachten durften. An diesem Freitagabend stand ich also hinter dem Rednerpult und erzählte meine Geschichte. Ich öffnete mein Herz vor diesen Mädchen und ließ sie hineinblicken. Später an dem Abend erzählten sie einander ihre Geschichten. Mein Vortrag schien sie ermutigt zu haben.

Weil ich von meinem Kampf mit meinem Selbstbild gesprochen hatte, kamen plötzlich auch ihre Kämpfe an die Oberfläche: Essstörungen, der Schmerz, den die Scheidung der Eltern verursacht hatte, die Besessenheit ihrer Mutter von Äußerlichkeiten, Ablehnung in der Schule. Sie lachten und weinten miteinander. Manche nutzten auch das Angebot, das ich ihnen machte: die inneren Verletzungen an Gott abzugeben, damit sie sich selbst durch seine Augen sehen konnten.

Ich war begeistert von diesen Mädchen. Es gab dünne Blondinen, kernige Sportlerinnen, vollschlanke Schönheiten, Außenseiterinnen, Cheerleader, Streberinnen und Träumerinnen. Aber besonders schlug mein Herz für die Traurigen und Einsamen. Die Mädchen, die sich nicht geliebt fühlten, die glaubten, sie seien nichts wert, die jemanden brauchten, der ihnen sagte, wie viel sie wert waren.

Unseren Schmerz zu demaskieren, ist der Beginn der Heilung. Irgendwann wird dann der Punkt kommen, an dem wir nicht mehr nur unsere Vergangenheit und uns selbst sehen, sondern unseren Blick nach außen richten. Anderen durch unsere eigenen Erfahrungen zu helfen, macht unsere Heilung vollkommen, weil wir unsere eigene Vergangenheit in etwas Gutes verwandeln können.

Viele Mädchen und viele Frauen verstecken sich aus verschiedenen Gründen hinter Masken. Manche haben Angst, verletzt zu werden. Die Maske wird zu einem Schutzschild, das sie vor der harten Welt schützt. Manchmal sind die eigenen Eltern verantwortlich, dass sie eine Maske tragen: Die Eltern möchten, dass nach außen hin alles gut aussieht, auch wenn das gar nicht stimmt. Manchmal ist eine Maske auch die Möglichkeit, sich äußerlich schön oder erfolgreich darzustellen, weil man innen drin nicht weiß, wer man eigentlich ist. Masken können auch unsere Geheimnisse verbergen.

Hinter einer Maske ist es dunkel. Sie abzulegen bedeutet, sich der Wahrheit zu stellen. Aber die Wahrheit macht uns frei.

Als ich meine Masken abgelegt und mich dem gestellt hatte, wie mein Modelleben gelaufen war, war das erst einmal alles andere als schön. Doch mit der Zeit hat mir diese Ehrlichkeit geholfen, heil zu werden.

Nichts gibt dir mehr, als wenn du die eigene Vergangenheit in etwas Gutes verwandelst.

Heutzutage halte ich oft Vorträge an Schulen, in denen es um solche Themen geht. Im Vorfeld versuche ich immer mit der Schulsozialarbeiterin zu sprechen, damit ich erfahre, auf welche Mädchen ich treffe. Oft erschüttern mich diese Gespräche. Ich höre nämlich Geschichten von Mädchen, die das Mittagessen ausfallen lassen, um dünner zu werden. Von Mädchen, die sich viel zu sexy kleiden, die ihre Körper Jungs hingeben und sexy Fotos von sich posten. Von Mädchen, die einander schikanieren und mobben. Von Mädchen, die missbraucht wurden. Von Mädchen, die für ihr Gewicht oder ihre Noten gehänselt werden. Von Mädchen, die vom Elternhaus Druck bekommen, die Beste in der Klasse zu sein. Von Mädchen, die sich schon in der 5. oder 6. Klasse ritzen oder mit dem Selbstmord einer Freundin klarkommen müssen.

Was können wir all dem entgegensetzen? Was können wir tun, wenn Mädchen ihren Körper, ihren Vater und sich selbst hassen? Alles, was wir tun können, ist Gott um Hilfe zu bitten. Alles, was wir tun können, ist, selbst mutig zu sein und unsere

Masken abzunehmen, um anderen Mädchen zu zeigen: Wir werden dafür geliebt, wer wir *unter der Oberfläche* sind.

Manchmal schockiere ich die Mädchen bei meinen Vorträgen, indem ich eine Porzellanmaske nehme und sie mit einem großen Hammer zerschlage. Viele sind von den Scherben beeindruckt.

Wenn dann wieder Ruhe im Raum eingekehrt ist, sage ich den Mädchen, dass Masken ihre wahre Schönheit verhüllen, anstatt sie zu zeigen. Ich sage ihnen die Wahrheit: Nämlich, dass sie unendlich wertvoll sind. Und dass Eifersucht, Mobbing, Sex, Missbrauch und all die Lügen ihren Wert nicht schmälern. Ich sage ihnen, dass sie ihr Leben selbst in der Hand haben.

Danach haben die Mädchen Gelegenheit, zu mir nach vorne zu kommen. Und dann kommen die Mädchen, deren Geschichten durch mein Erzählen an die Oberfläche gespült wurden. Und jedes dieser Mädchen spürt dann eine Riesenerleichterung.

Natürlich kann ich diese Mädchen nicht retten. Das ist auch nicht meine Aufgabe. Was ich tun kann und was auch du tun kannst: Sei ansprechbar, wo immer du bist. Irgendwann wird ein Mädchen kommen, das deine Geschichte hören muss, das deine Wahrheit braucht und deinen Glauben, damit es heil werden kann.

Ernst machen

Jede Disney-Prinzessin hat einen bösen Widersacher, der ihr das Leben schwer machen will. Sie ist als Tochter des Königs die rechtmäßige Erbin der Krone. Sie hat das Potenzial, das Land zu regieren. Doch der Widersacher versucht ihr die Krone zu rauben. Dieser Widersacher kommt zum Beispiel in Gestalt einer bösen Fee, die Dornröschen verletzen und zum Schweigen bringen will. Oder in Gestalt von bösen Stiefschwestern, die

Aschenputtel in ihr Zimmer einsperren. Oder einer bösen Königin, die Schneewittchen töten will oder in Gestalt der Meereshexe Ursula, die Ariel die wunderschöne Stimme stehlen will. Es gibt immer einen Feind, der der Prinzessin Schaden zufügen will. Wenn es dem Feind gelingen würde, sie zu töten oder zumindest zum Schweigen zu bringen, könnte er ihren Platz einnehmen.

Dieser Feind ist immer böse. Er möchte uns gefangen halten, uns zum Schweigen bringen, damit wir die Welt nicht mit unserer Schönheit segnen können. Er will uns eine Maske aufsetzen, uns unsere Stimme rauben und uns sagen, dass wir wertlos, nicht geliebt und machtlos sind.

Ich kenne mich mit diesem Feind und seinen Lügen leider sehr gut aus. Es gab eine Zeit, da hatte er auch mich zum Schweigen gebracht. Ich befand mich in einer Art depressivem Schlaf, aus dem ich kaum wirklich wach wurde. Am Anfang gefiel mir diese Maske der Antriebslosigkeit. Aber irgendwann hielt sie mich regelrecht gefangen. In mir drin sah es nämlich ganz anders aus als das, was man von außen sah. Es wurde so dunkel hinter meiner Maske, dass ich an Selbstmord dachte. Ich verletzte mich selbst. Ich erlaubte anderen, mich zu missbrauchen. Um meine Seele lagen dicke Ketten.

Dann kam der König, der hinter unsere Masken sieht, und weckte mich aus meinem Schlaf. Er sagte mir, dass ich für mehr gemacht bin. Er löste die Ketten, schickte die Lügen weg und goss die Wahrheit in mein Herz.

Als ich die Modebranche verließ, tat ich das fast Hals über Kopf. Obwohl mir der Job Reisen, Geld und Anerkennung schenkte, verabscheute ich immer mehr das Tragen von Masken, das mit diesem Beruf verbunden war.

Ich hatte zu viele Mädchen gesehen, denen es hinter ihrer Maske sehr schlecht ging. Und auch ich war eine Gefangene.

Wenn mir etwas wehtat, durfte ich das nicht zeigen. Ich musste mich zusammenreißen und schön sein. Wenn ich mich erniedrigt, schlecht behandelt oder angeekelt fühlte, musste ich lächeln und lieb sein. Ich musste meine Gefühle so lange unterdrücken, bis ich dadurch krank wurde. All dies ging mir komplett gegen den Strich.

Im Lauf der Jahre habe ich festgestellt, dass wir Frauen Masken *hassen*. Wir finden sie abstoßend und sind doch oft hinter ihnen gefangen. Wir haben Angst, die Wahrheit auszusprechen, zu benennen, was wehtut. Wir fürchten, abgelehnt, beschuldigt oder beschämt zu werden. Aber da müssen wir durch, um heil zu werden. Wir dürfen nicht einfach den Medien vertrauen, die uns weismachen wollen, dass Masken was ganz Normales sind.

Wenn wir eine Maske tragen, indem wir alles gut aussehen lassen, auch wenn gar nichts gut ist, dann wird uns das vernichten. Wenn wir nicht ehrlich mit unserem Schmerz umgehen, fügen wir uns nur noch größeren Schaden zu. Wenn jemand der Lüge folgt, dass er wertlos ist, lindert er diesen Schmerz möglicherweise dadurch, dass er sich körperlich wehtut. Das tun leider viele Mädchen, um sich so von ihren seelischen Schmerzen abzulenken. Die Wahrheit auszusprechen, ist der erste Schritt zur Heilung. Schritt für Schritt kommt irgendwann die komplette Heilung. Und Jesus hat versprochen: „Die Wahrheit wird euch frei machen."

Wenn wir leiden, kennt Gott den Grund für unseren Schmerz. Er weiß, wo wir Heilung brauchen. Es ist ihm lieber, wir schütten ihm unser ganzes Herz aus, anstatt mit einer Maske rumzulaufen und so zu tun, als hätten wir keinen Retter nötig.

Wenn wir unsere Masken abnehmen, gibt es nichts mehr, was uns noch von Gott trennt. Wir können mit freier Sicht in unseren wahren Spiegel blicken. Meine Frage an dich ist: Hast du den Mut, deine Maske in tausend Stücke zu zerschmettern?

Glaubst du, dass du in Gottes Augen wertvoll und geliebt bist, dass er dich zum Besseren verändern kann? Hast du den Mut zu glauben, dass Gott etwas Wunderschönes in deinem Herzen sieht? Du bist mehr als die Maske, die du trägst. Wenn du ehrlich mit dem umgehst, was unter der Oberfläche liegt, dann wirst du heil. Der Weg zu Gottes Heilung ist einfach, seine Sprache ist die Wahrheit. Wenn du Gott Glauben schenkst und dein Leben nach ihm ausrichtest, wirst du der Welt zeigen, dass die Wahrheit schön macht und befreit. Deine Echtheit wird andere inspirieren. Und weil du diesen Schritt gegangen bist, werden auch andere ihre Masken fallen lassen.

Die vierte Wahrheit:
Du bist ein leuchtendes Licht

Ihr seid das Licht für die Welt.
Matthäus 5,14

Ein Liebesbrief vom Himmel

Meine geliebte Tochter,

ich liebe die Wahrheit, aber ich möchte immer die ganze Wahrheit. Früher gab es im Tempel einen Vorhang, der die Menschen davon abhielt, in meine Gegenwart zu kommen. Er ist zerrissen, als ich am Kreuz starb. Du kannst jetzt durch den Vorhang gehen. Du kannst mit unverhülltem Gesicht – ohne Maske – zu mir kommen.

Als Jesus auf der Erde lebte, habe ich den Menschen nicht gesagt, dass er Gott ist. Ich habe sie so geliebt, wie Jesus es tat. Die Menschen kamen zu ihm und damit zu mir, weil sie von der lodernden Flamme angezogen wurden, die in mir brannte. Sie kamen nicht aufgrund meines tollen Aussehens oder meines Talents. Ich habe nie nach Ruhm gesucht. Ich kam, um zu dienen. Die Menschen haben sich in mein Herz verliebt.

Luzifer, der Teufel, dagegen liebte alles Äußerliche. Er war sehr stolz auf sein Aussehen. Er wollte für seinen Reichtum, seine Weisheit und seine Schönheit angebetet werden. Er wollte der größte Star aller Stars sein und nannte sich selbst „Sohn der Morgendämmerung". Aber egal wie gut er aussah, sein Stolz machte ihn zu der hässlichsten Kreatur.

Viele Menschen beten Stars an, aber davon wird ihr Herz dunkel. Wenn du mich anbetest, wird dein Herz hell und strahlend. Ich werde nämlich mein Licht in dich hineingeben. Und das Licht und die Schönheit, die von mir kommt, hat Bestand. Vergiss das nie.

Dein himmlischer Vater

Die Bibel sagt uns, dass unsere Herzen verdunkelt werden, wenn wir Bilder von Menschen anbeten. Ich weiß das, denn ich habe es selbst erlebt. In der Modebranche, wo ich ständig mit anderen Frauen verglichen wurde, kam das immer wieder vor. Auch als Erwachsene ist es mir oft passiert, dass ich dachte: „Wenn ich doch nur so hübsch wäre wie sie, dann ..."

Sobald wir merken, dass wir zu lange auf das schauen, was andere Mädchen, andere Frauen haben, müssen wir deutlich „Stopp!" sagen. Und uns dann an Jesus wenden. Er ist der Star!

Er ist das Licht. Er hat unsere Körper und unsere Seelen geschaffen. Er gibt uns Halt. Nur er kann uns bis zum Überfluss erfüllen.

Jede Frau hat in ihrem Leben ihre Blütezeit. Jesaja, ein Prophet aus der Bibel, sagt, jeder Mensch wird wie eine Blume aufblühen und dann vergehen. Das ist unser Schicksal: Irgendwann werden wir wieder zu Staub und unsere Seelen kehren zu Gott zurück. Wenn diese Blütezeit vorbei ist, verwelkt jede Frau wie eine Blume und stirbt. Deshalb dürfen wir nicht den Fehler machen, eine Frau zu einer Göttin zu machen, zu einem Spiegel, mit dessen Hilfe wir Schönheit definieren.

Das Beste, was wir tun können, wenn wir eine schöne Frau sehen (und mit „schön" meine ich: treu, standhaft, liebevoll, freundlich, sanft, friedvoll und warmherzig), ist, uns ihre Charaktereigenschaften zum Vorbild zu nehmen und Gott zu bitten, diese Eigenschaften auch in uns wachsen zu lassen.

Egal wie hübsch du andere Frauen oder Mädchen findest: Kopiere sie nicht. Gott hat dich wunderbar geschaffen. Du hast deine ganz eigene Schönheit. Einen eigenen Wert. Und du kannst der Welt etwas geben, das nur du geben kannst.

Als Jesus starb, zerriss der Vorhang im Tempel in zwei Hälften. Wenn du jetzt durch diesen Vorhang gehst, die Maske abnimmst und in seine Gegenwart kommst, wird er dich verändern. Du wirst ihm immer ähnlicher werden. Das ist das Ziel: Jesus immer ähnlicher zu werden.

Manche berühmten Stars gehen in die Zimmer von Kinderkrankenhäusern, reisen in die Krisengebiete dieser Welt, spenden Geld und bauen Brunnen. Manche holen Babys aus den hoffnungslosesten Lebensumständen heraus und geben ihnen ein liebevolles Zuhause.

Jeder findet es klasse, wenn Berühmtheiten viel Gutes tun. Wir finden es gut, wenn sie verstanden haben, dass die, denen viel gegeben ist, auch viel geben sollten. Die wahren Stars sind aber die, die dreckige Füße waschen, Kranke berühren und für ihre Ehen und Kinder kämpfen. Schönheit fängt im Herzen an und zeigt sich dann in unseren Worten, unserer Einstellung und unserem Verhalten.

Schönheit fängt dort an, wo es keine Visagistin, keine Beleuchtungsprofis und keine Auszeichnungen für einen gut gemachten Job gibt. Viele Menschen lieben Oberflächlichkeit mehr als die Wahrheit, Erfolg und Geld mehr als ihre Familie. Viele Menschen denken, dass sie nur *außerhalb* ihres Zuhauses leuchten können, statt ihr Licht im eigenen Haus leuchten zu lassen.

Dieses Thema liegt mir sehr am Herzen. Es gab eine Zeit in meinem Leben, in der ich das auch dachte. Ich nahm an, dass dieses Licht-für-die-Welt-Sein bedeutet, dass man sich außerhalb der eignen vier Wände engagiert. Das ist im Grunde auch nicht falsch. Aber mittlerweile weiß ich, dass wir immer dann Licht für die Welt werden, wenn niemand da ist, um zu applaudieren.

Zerbrochen

Ungefähr zu der Zeit, als ich anfing, meine Geschichte zu erzählen, hatte ich das Gefühl, mein Leben würde auseinandergerissen.

Eine internationale Hilfsorganisation, die Kinder in der Dritten Welt unterstützt, fragte an, ob ich ihre Schirmherrin werden wolle. Für mich klang das nach einer großartigen Idee: Ich durfte ihre wichtige Arbeit bewerben. Sie fragten, ob ich sie in eine verarmte Region in Südamerika begleiten könne, einen der ärmsten Teile der Welt, damit ich mir vor Ort ihre Arbeit ansehen könne. Mein Mann könne mich begleiten. Ich war zu dem Zeitpunkt mit unserem dritten Kind schwanger. Ich fragte meinen Arzt um Rat und der gab grünes Licht für diese Reise.

Die Organisation wollte Fotos von mir machen, die zeigten, wie ich mich um die Armen kümmerte. Diese Fotos sollten in Amerika dann dafür sorgen, dass mehr Menschen auf die Arbeit dieser Organisation aufmerksam wurden. Normalerweise unterstützt mein Mann mich immer bei meinen Diensten, aber dieses Mal war er zögerlich. Er sagte, er höre einen gewissen Stolz in meiner Stimme, wenn ich von der Reise sprach. Dummerweise hörte ich nicht auf ihn. Wir hatten Rat gesucht, das Okay bekommen, also machten wir die Reise.

Ein paar Tage vor dem Abflug sollten wir noch geimpft werden. Die Arzthelferin in der Praxis erklärte uns, dass sie mich nicht impfen könne, weil ich schwanger sei. Sie warnte mich auch davor, als Schwangere in diesen Teil der Welt zu reisen. Sie sagte, das Risiko einer Infektion mit verschiedenen Krankheiten sei zu hoch und könne bei Ansteckung das Baby in Gefahr bringen. Ich könnte es sogar verlieren.

Ich rief die Organisation an, die mir versicherte, dass wir nicht in ein Gebiet reisen würden, in dem ich mich gefährlichen Krankheiten aussetzen würde. Mein Mann hatte trotzdem kein gutes Gefühl und versuchte mir klarzumachen, dass es das Risiko nicht wert war. Ich aber fühlte mich der Organisation gegenüber verpflichtet. Ich widersprach meinem Mann und diskutierte lange mit ihm.

Zuerst verstand ich nicht. Ich war als junge Frau schließlich oft alleine in der Welt unterwegs gewesen. Ich war frei, das zu tun, was ich wollte. Ich machte mein Ding, traf meine eigenen Entscheidungen.

Ich sollte nach Südamerika gehen und mir das Leid ansehen, dachte ich. *Ich sollte daran glauben, dass unser treuer Gott mich beschützt. Es ist meine Aufgabe, ein Licht für die Welt zu sein!* Irgendwie war ich wohl der Meinung, es sei wichtiger, den hungrigen Kindern fern meiner Heimat zu essen zu geben, als das Kind in meinem eigenen Bauch zu beschützen.

Zu meiner Verteidigung möchte ich sagen: Ich war schon einmal in der Dritten Welt gewesen und hatte das Leid dort gesehen. Ich wollte den Armen wirklich helfen. Die Frage war jedoch, ob Gott mich dazu berufen hatte oder eben nicht. Gott hatte sich am Ende durchgesetzt; ich sagte die Reise nach Südamerika ab.

Warum hatte ich nicht von Anfang an auf meinen Mann gehört, wenn er doch kein gutes Gefühl bei der Sache gehabt hatte? Warum war es mir wichtiger, was andere dachten, als das, was mein Mann dachte?

Irgendwann in all dem Chaos brach ich zusammen und weinte. Meine Bibel, die schon fast auseinanderfiel, lag vor mir. Ich flehte Gott an, zu mir zu sprechen. Als ich die Bibel öffnete, sah ich, dass ein Teil des Jesajabuches herausgefallen war. Und folgende Worte sprangen mir sofort ins Auge: „Bring deine Angelegenheiten in Ordnung!" (Jesaja 38,1; NL).

Die Worte trafen mich schwer. Bei uns zu Hause waren die Angelegenheiten gerade absolut nicht in Ordnung. Ich hatte versucht, mich durchzusetzen. Ich war mehr daran interessiert, mein Ding durchzuziehen, als daran, was gut für uns als Familie war. Ich hatte meine Arbeit über meine Familie gestellt.

In unserer Gesellschaft geht es oft nur um das eigene Ego, um Leistungen, Erfolge, Preise und den großen Auftritt. Aber in Gottes Augen ist wichtig, wer wir sind, wenn uns niemand sieht.

Gott erhebt die Demütigen, und die Stolzen hält er am Boden. Er erhebt uns nicht, weil wir im Rampenlicht stehen. Er erhebt uns, weil wir selbst und durch ihn das Licht *sind*.

Demut macht andere groß. Vertraue deinen Eltern, deinen Lehrern. Selbst wenn du denkst, dass sie falschliegen: Ehre sie! Kreide es ihnen nicht an, wenn sie Fehler machen. Ehre sie trotzdem, Gott wird dich dafür segnen.

Ich wünschte, folgende Verse hätte ich schon *vor* meiner Ehe verstanden: „Bei allem, was ihr tut, hütet euch vor Nörgeleien und Zweifel. Dann wird euer Leben hell und makellos sein, und ihr werdet als Gottes vorbildliche Kinder mitten in dieser dunklen Welt leuchten wie Sterne in der Nacht (Philipper 2,14–15; Hfa).

Bei Gott hat Makellosigkeit also nichts mit unserer Haut zu tun, sondern mit unserer *Einstellung*. Ja, es ist leicht, sich zu beschweren, zu diskutieren, die Augen zu verdrehen und trotzig zu sein. Aber in Gottes Augen bist du ein Star, wenn du Dinge aus einer dankbaren Haltung heraus tust, voller Liebe, ohne Streit und Nörgelei. Wir beeindrucken andere Menschen nicht durch unser Outfit, unsere Frisur, unser Make-up oder unseren Schmuck, sondern durch unser Herz und unsere innere Haltung. Mit diesem Zustand können wir uns wunderbar schmücken – und sind so innen und außen wunderschön.

Einmal sprach ich bei einem Vortrag davon, dass die wahre Schönheit einer Frau von einem freundlichen und stillen Wesen kommt. Und das dies etwas ist, was Gott wunderbar gebrauchen kann. In meiner Familie fand ich es allerdings sehr herausfordernd, mir diesen Wesenszug anzueignen. Jeder von uns steht in der Gefahr, streitsüchtig und unzufrieden zu werden. Alleine schaffen wir es nicht, diese Eigenschaften abzulegen.

Kennst du die Wasserläufergeschichte von Petrus, einem der Jünger Jesu? Er versuchte über einen See zu gehen, aber in dem Moment, als er nicht mehr auf Jesus schaute, versank er im Wasser. Auch wir sinken, wenn wir uns von Angst und Zweifeln leiten lassen. Unser Licht wird dann gedimmt.

Je länger und öfter du etwas ansiehst, desto mehr spiegelst du es wider. Je mehr wir also darauf achten, was alles in unserem Leben falsch läuft, desto mehr spiegeln wir dieses Chaos auch wider.

Aber wenn wir uns auf Gott ausrichten, werden wir ihn widerspiegeln und sein Licht wird durch uns hindurchscheinen.

Das Licht der Welt

Der erste Hinweis auf Jesus, den Messias, war ein Stern am Himmel. Als er auf die Welt kam, sagte er: „Ich bin das Licht der Welt."

In Matthäus 5,14 steht: „Ihr seid das Licht der Welt." Jesus sagt nicht, ihr werdet das Licht sein, *wenn ihr dieses oder jenes tut.* Er sagt nicht, ihr werdet das Licht der Welt sein, *wenn ihr an diesem oder jenen Ort seid.* Er sagt: „Ihr *seid* das Licht der Welt." Punkt. Wir sehen immer, wer wir sind, wenn wir darauf schauen, wie Jesus ist. Wie sehr wir leuchten, wird nicht durch unsere Fehler oder von unseren Leistungen bestimmt. Unser Licht wird durch den Glauben an Jesus bestimmt, der durch uns hindurchscheint.

Jesus sagte einmal: „Eine Stadt, die hoch auf dem Berg liegt, kann nicht verborgen bleiben. Man zündet ja auch keine Öllampe an und stellt sie unter einen Eimer. Im Gegenteil: Man stellt sie so auf, dass sie allen im Haus Licht gibt. Genauso soll euer Licht vor allen Menschen leuchten. Sie werden eure guten Taten sehen und euren Vater im Himmel dafür loben" (Matthäus 5,14–16).

Es gab Zeiten, da war ich super darin, für die Menschen außerhalb meiner Familie zu leuchten. Vielleicht war das so, weil es einfacher für mich war, für die Welt da draußen zu scheinen, als nach innen zu leuchten. Irgendwann fing ich an, mich auf Gott zu konzentrieren und ihm zu sagen: „Ich möchte so sein wie du. Ich möchte deinen Glauben widerspiegeln, deine Hoffnung, deine Liebe. Ich möchte das nicht nur für die Welt da draußen, sondern auch für die Menschen in meiner Nähe, in meiner Küche, meinem Wohnzimmer. Mit ganzer Hingabe möchte ich das tun."

Ich stand früh morgens auf, um zu beten und Bibel zu lesen. Mir wurde klar, dass ich keine „Stadt auf einem Berg" sein kann, die für die ganze Umgebung leuchtet, wenn ich nicht auch in meiner unmittelbaren Umgebung, meinem Zuhause, mein Licht leuchten lasse.

Wir können immer wieder zu Gott kommen und sagen: „Du bist perfekt. Jesus, lass dein Licht auf mich scheinen. Du warst die ganze Zeit auf Gott ausgerichtet. Jesus, gib mir ein Herz wie deines, denn dein Herz ist voller Liebe."

Wenn wir wollen, dass sein Licht leuchtet, müssen wir uns von Jesus erfüllen und führen lassen. Wir müssen für die Menschen da sein, die wir lieben. Wir dürfen andere nicht verurteilen, sondern sollen ihnen vergeben. Wir dürfen nicht an Bitterkeit, Eifersucht, Groll oder Vorwürfen festhalten. Wir müssen solche Dinge mit der Wurzel ausgraben, damit die Erde unseres Herzens ein guter Nährboden ist. Wir können ihn mit dem Frieden Gottes wässern und uns seinem Licht zuwenden, damit die Freude in uns wächst und gedeiht. Es ist unsere Aufgabe, die Liebe Gottes nachzuahmen.

Es geht nicht darum, dass wir eine Maske aufsetzen, um nach außen zu strahlen. Es geht darum, den Meistervisagisten ans Werk zu lassen, damit er uns schön macht und wir seine Schönheit widerspiegeln.

Wo immer wir hingehen, werden wir Glauben, Hoffnung, Liebe verbreiten. Wir werden Licht verbreiten, wenn jemand seinen schwärzesten Tag hat.

Strahlend wie ein Edelstein

Ich bin von strahlenden Frauen umgeben, von Frauen, die es Gott erlaubt haben, das Bild ihres Lebens zu gestalten und sein Bild von Schönheit auf sie zu zeichnen.

Das klingt leicht, ist es aber nicht. Diese Frauen haben harte Stürme durchlebt. Sie haben Kinder und Ehemänner verloren. Sie mussten durch eine Krebserkrankung ihre Brüste amputieren lassen und haben ihre Haare verloren. Bei manchen von ihnen ist die Familie auseinandergebrochen. Aber diese schlimmen Zeiten haben sie zu einem strahlenden Edelstein gemacht.

Wie das?

Sie haben den Sturm gemeistert, indem sie sich auf Jesus konzentriert haben und nicht auf den Sturm.

Daher mein Tipp an dich: Schau immer auf Jesus. Schau nicht auf die Menschen, nicht auf die schlimme Situation, sondern auf den hellen Morgenstern – Jesus. Er macht alles gut. Er zaubert nach den Stürmen in deinem Leben immer wieder einen Regenbogen an den Himmel.

Konzentriere dich auf das Gute, das Schöne, das Positive.

Je mehr du dich nach etwas ausrichtest, desto mehr wirst du es widerspiegeln.

Meine Hoffnung und mein Gebet für dich und mich ist, dass wir ein Licht sind, so wie Jesus ein Licht ist. Wo immer wir hingehen, werden wir dann Glauben, Hoffnung, Liebe verbreiten. Wir werden Licht verbreiten, wenn jemand seinen schwärzesten Tag hat.

Die fünfte Lüge:
Du wirst von den Medien bestimmt

Der Bildschirm ist ein sehr schlechter Spiegel.

Ein Liebesbrief vom Himmel

Meine geliebte Tochter,

die Medien sind vergleichbar mit einem Fahrzeug. Fahrzeuge können dich sicher von einem Ort zum nächsten bringen. Sie können aber auch zu einer Gefahr werden.

Wenn jemand mit seinem Auto rast, kann schnell ein Unfall passieren. Der Beifahrer kann den Fahrer so ablenken, dass er sich nicht mehr auf den Verkehr konzentrieren kann. Nicht wenige Menschen fahren übermüdet oder in betrunkenem Zustand – und werden so zur Gefahr für sich selbst und andere.

Internet, die sozialen Medien, Werbung und Co können auch gefährlich werden. Deshalb geh vorsichtig damit um.

Selbst in überschaubaren Kurven kannst du leicht von der

Straße abkommen. Daher mein Rat an dich: Schau immer nach vorne. Konzentriere dich auf das Ziel und denke daran: Du hast die Kontrolle über das Fahrzeug, nicht das Fahrzeug über dich. Deine Hände sind am Steuer, du bestimmst, wo es langgeht.

Wenn es dir jemals so vorkommt, als würden die Medien dich kontrollieren, dann nimm den Fuß vom Gas, fahr rechts ran und steige aus. Oder mit anderen Worten gesagt: Drück auf den Aus-Schalter und geh. Wenn du mehr Zeit vor einem Bildschirm verbringst als mit mir und den Menschen um dich herum, ist es Zeit, eine Bildschirmpause einzulegen. Wenn du mich um Hilfe bittest, bin ich da und helfe dir.

Du bist die Herrin über die Medien, lass dich also nicht von ihnen beherrschen!

In Liebe, dein Vater im Himmel

Ob Fernseher, Notebook oder Smartphone: Bildschirme und Displays bereichern unser Leben. Ich finde es super, meiner Tochter schnell eine Nachricht schicken zu können oder verrückte Videos von meinen Söhnen anzuschauen. Wenn ich im Baumarkt stehe und nicht sicher bin, welche Schrauben ich kaufen soll, schicke ich meinem Mann einfach ein Foto, und er sagt mir, ob es die richtigen sind. Ohne den Kalender auf meinem Smartphone käme ich gar nicht mehr klar. Ich liebe gute Filme, bin begeistert von meiner Bibelsoftware und schätze das Internet sehr. YouTube, Google und Onlinewörterbücher sind wunderbare Möglichkeiten. Bildschirme ermöglichen uns, Kontakt zu Menschen in aller Welt zu halten.

Bildschirme sind toll. Aber leider nicht in jeder Hinsicht, darüber spreche ich gleich. Als es sie noch nicht gab, glaube ich, war das Leben einfacher. Man redete persönlich miteinander statt über Facebook und WhatsApp; es ging mehr ums Plaudern mit Freunden und Nachbarn als um Nachrichten an Hunderte von Facebook-Freunden.

Die Medien sind ganz schön kompliziert. Man muss wissen, dass Bildschirme und Handydisplays Millionen von Türen haben. Dein Herz hat nur eine Tür und du allein entscheidest, wer oder was durch sie hinein- und hinausgehen darf.

Wir können die Gefahren, die von Bildschirmen, Screens und Displays ausgehen, nicht einfach ignorieren. Das wäre dumm. Denn im Grunde trennen uns Smartphone und PC von anderen Menschen und halten uns davon ab, in der Gegenwart zu leben und den Moment zu genießen. Wenn wir permanent auf einen Bildschirm starren, ist unser Kopf meist ganz woanders. Es ist deshalb gut, einige Regeln zu beachten:

Handy/PC aus ...
· während eines Gespräches
· beim Essen mit der Familie
· beim Autofahren, auch an der roten Ampel

Weißt du was? Wertvoller als das teuerste Smartphone sind Bücher, handgeschriebene Briefe oder Anrufe. Wie wäre es als Alternative mal mit einem Brettspiel, etwas Sport, einem Kreativnachmittag oder langen Spaziergängen mit Menschen, die dir wichtig sind?

Medien können uns an tolle Ziele bringen – aber leider auch an Orte, die sehr unschön sind. Bei Jungs fängt die Bildschirmleidenschaft meist mit Videospielen an. Wenn sie älter sind, reicht ein Klick, um sie in eine Welt zu katapultieren, die sie noch nie zuvor gesehen haben, die Welt der Pornografie.

Ähnlich wie die Welt der Videospiele ist auch diese Welt endlos.

Früher war Pornografie nicht so leicht zugänglich. Das einzig Nackte, was Jungs zu Gesicht bekamen, war der Blick unter den Rock einer Schaufensterpuppe. Wenn sie älter waren, haben sie vielleicht einen Blick auf die Unterwäscheseiten in einem Versandhauskatalog geworfen. Später vielleicht in einschlägige Magazine im Zeitschriftenladen geblättert. Heute geht das alles einfacher: Klick, klick, klick, schon bist du da. Und die Bilder verewigen sich in den Gedanken. Oberflächlich betrachtet sehen sie verlockend aus, aber sie vermitteln einem Jungen eine völlig falsche Sicht von Sexualität. Er hat seine zukünftige Frau noch nicht einmal getroffen, vielleicht noch nicht einmal ein Mädchen geküsst – und hat bereits ungesunde Vorstellungen über Sex im Kopf.

Für uns Frauen machen die Bilder in den Medien alles wahnsinnig kompliziert. Denn wir müssen quasi gegen diese Bilder antreten. Aber du und ich können ihnen niemals gerecht werden, da sie absolut nichts mit der Realität zu tun haben! Wir sind unendlich wertvoll, nach dem Ebenbild Gottes geschaffen. Die Darstellungen von Frauen auf diversen Internetseiten und in Magazinen birgt die große Gefahr, dass dein Selbstbild und das Bild von der Schönheit deines Körpers verzerrt wird. Setz dir am besten klare Grenzen, was den Medienkonsum angeht. So schützt du dein Herz.

Die Anzahl der Freunde, die du im Internet hast oder die Anzahl der „Likes", die du bekommst, haben nichts mit deinem Wert zu tun.

Es gibt Menschen, die sagen, dass das, was sie auf dem Bildschirm sehen, nicht ihr Herz berührt, da es nur ein Bild ist. Ich behaupte: Das stimmt nicht! Deine Augen sind das Fenster deiner Seele. In Sprüche 4,23 steht: „Vor allem aber behüte dein Herz, denn dein Herz beeinflusst dein ganzes Leben" (NL). Es gibt in der ganzen Bibel nur eine Stelle, in der diese drei Worte zusammen genannt werden: *vor allem aber.* Vor allem anderen, das du tust, bist du herausgefordert, dein Herz zu behüten. Wie du mit deinem Herzen umgehst, beeinflusst dein ganzes Leben. Schütze es vor Eifersucht und vor dem Vergleichen mit anderen. Behüte es vor Neid, vor Gier und vor Groll. Behüte es davor, Menschen oder Dinge zu vergöttern. Schütze dein Herz gut!

Früher veröffentlichten nur Personen, die im öffentlichen Leben standen, ihre Bilder – im Fernsehen und in Zeitschriften. Durch das Internet kann das heutzutage jeder. Die sozialen Medien geben jedem, der ein Bild bei Facebook oder Instagram einstellt, die Möglichkeit, dass andere Menschen es betrachten können. Jeder kann Fotos von sich posten und jeder kann es sofort bewundern oder darüber herziehen.

Für viele Mädchen, die auf diese Weise nach Anerkennung suchen, wird es dann ganz schnell gefährlich. Es kann passieren, dass sie ihre Bestätigung an der Anzahl der Likes messen. Vielleicht ändern sie auch ständig ihr Profilfoto, um noch mehr Aufmerksamkeit zu bekommen. Wenn sie älter werden, versuchen sie es mit Bildern, auf denen sie sexy aussehen, weil sie sich dadurch noch mehr Anerkennung erhoffen. Dann posiert das Mädchen, das früher mit Krone und Kleid Prinzessin gespielt hat, wie ein Unterwäschemodel. Und jeder bewertet ihre Fotos. „Du siehst toll aus!", „Du bist sooo süß!", „Ich will dich kennenlernen!"

Ja, wir Frauen fotografieren gerne und stellen Alben zusammen, das haben wir einfach im Blut. Als Kind habe ich das auch gemacht. Da es damals noch keine sozialen Medien und keine Digitalfotografie gab, waren die Alben nur für meine Freunde und mich. Die Bilder blieben in meinem Zimmer.

„Meine Seite bei Facebook ist nur für meine Freunde", sagen junge Frauen gerne. Aber niemand hat 358 Freunde! Ich habe maximal fünfzig. Zwanzig davon sind gute Freunde. Zehn stehen mir sehr nah. Maximal fünf sind mir so nah, dass ich ihnen fast alles erzählen würde. Wenn ich mit diesen fünf eine Pyjamaparty machen würde, würden vielleicht nur zwei oder drei von ihnen alle Bilder in dem Album ansehen. Sie würden es tun, weil sie mich wirklich lieb haben, nicht weil sie jedes einzelne Bild dringend sehen wollen.

Mir ist bewusst, dass viele Mädchen und junge Frauen sehr verantwortungsvoll damit umgehen, wie sie sich in den sozialen Medien darstellen. Aber mir ist auch klar, dass viel zu viele junge Frauen besessen von ihrem Selbstbild sind. Als junges Model ging es mir ähnlich.

Was wir auf dem Bildschirm sehen, kann sehr trügerisch sein. Oberflächlich betrachtet sind es nur Fotos, mit denen wir unseren Freunden zeigen, was gerade bei uns passiert. Aber vielleicht trügt der Schein. Ich finde, es ist nicht gut, wenn wir jedes Mal eine Nachricht bekommen, wenn jemand unser Foto gut findet oder unserem Post zustimmt. Denn ständig werden wir dadurch unterbrochen. Und durch diese Posts bestätigen wir uns gegenseitig, wie toll oder eben wie schrecklich wir uns finden.

Warum ändern Frauen und Mädchen ständig ihr Profilfoto? Um immer „in" zu sein? Nur so aus Spaß? Oder glauben sie der Lüge mit der Maske – dass das Bild, das sie von sich im Internet präsentieren, auch zeigt, wer sie wirklich sind?

Nachdem ich die Modelwelt hinter mir gelassen hatte, arbeitete ich als Lehrerin. Eine meiner Schülerinnen litt unter genau diesem Problem. Sie suchte ihre Anerkennung in den Medien.

Von ihrer Mutter wurde sie abgelehnt, die Scheidung ihrer Eltern traf sie schwer, von ihrem Vater wurde sie kontrolliert und manipuliert. Im Alter von zwölf hatte sie angefangen sich zu ritzen. In der Pause kam sie oft in mein Klassenzimmer, weil sie sich dort sicher fühlte.

Jahre später fand sie mich auf Facebook. Mit der Zeit fiel mir auf, dass ihre Profilbilder immer anzüglicher wurden. Da ich mich nie scheue, die Wahrheit auszusprechen, schickte ich ihr eine Nachricht. Ich riet ihr, die Fotos aus dem Netz zu nehmen, weil sie damit sich selbst, aber auch ihren zukünftigen Ehemann und ihre zukünftigen Kinder entwürdigen würde. Bald darauf rief sie mich an, um mir zu erzählen, dass sie unter einer ausgewachsenen Essstörung leide, mehrere Beziehungen gleichzeitig habe, als Stripperin arbeite, Drogen nehme und einfach völlig am Ende sei.

Zusammen gingen wir zu einem Langzeittherapiezentrum für junge Frauen in Not.

Als sie ihre Zeit dort erfolgreich absolviert hatte, rief sie mich an, um mir zu sagen, wie sehr Gott ihr Leben hell gemacht hatte. Sie hinterließ eine Nachricht auf meiner Mailbox: „Bitte ruf mich an! Mir geht es noch nicht gut genug, dass ich ein Handy oder einen Internetzugang haben darf oder überhaupt irgendeine Art von Bildschirm. Du kannst mich aber über den Festnetzanschluss erreichen."

Zu meiner Teenagerzeit dienten Kameras dazu, Erinnerungen festzuhalten. Sie waren keine Spiegel. Heutzutage richten Mädchens ihre Smartphonekameras auf sich selbst und füllen ihr Handy mit Hunderten von Selfies. Ich frage mich: Ist das noch normal? Kameras sind für mich dazu da, Erinnerungen festzuhalten! Und die besten Erinnerungen haben immer mit anderen Menschen zu tun, nicht nur mit dir selbst.

Verordne deinem Smartphone häufiger eine Pause. Schenk stattdessen Menschen, die dir wichtig sind, deine Aufmerksamkeit.

Wir Amerikaner machen jedes Schuljahr ein sogenanntes Jahrbuch. Dieses Buch zeigt alle Schüler der Schule. Dazu machen wir von jedem Schüler *ein* Foto pro Jahr und das Foto zeigt, wie man in diesem Jahr ausgesehen hat. Du brauchst ehrlich gesagt auch nicht mehr als *ein* Foto von dir! Wenn du ständig dein Profilbild änderst, solltest du dich vielleicht mal auf etwas anderes konzentrieren als auf dich selbst. Der Blick nach außen macht dich nämlich schöner als der Blick nach innen!

Eine Sache ist mir noch sehr wichtig zu sagen. Mach dir immer bewusst, dass die Fotos, die du in sozialen Netzwerken postest, öffentlich werden und von jedem gespeichert werden können. Selbst wenn die Seite dies technisch nicht ermöglicht, kann jeder einen Screenshot machen und dein Bild auf diese Weise speichern. Wenn du später versuchst, Bilder aus dem Internet löschen zu lassen, da du letztendlich doch findest, zu viel von deinem Leben preisgegeben zu haben, hat sie jemand anderes vielleicht schon längst auf seinem Rechner. Diese Person kann die Bilder weiterverschicken oder sogar eine ganze Webseite damit füllen – ohne dass du davon weißt.

Das Internet ist ziemlich trügerisch. Du machst dir etwas vor, wenn du denkst: „Nur meine Freunde können meine Seite sehen."

Jeder Mensch, der ein bisschen was von Technik versteht, kann sich als dein „Freund" ausgeben und einen Einblick in deine Privatsphäre bekommen, wenn du etwas von dir postest. Das ist überhaupt nicht schwer. Jeder kann ein Foto klauen und sich als das Mädchen ausgeben, das darauf zu sehen ist. Und dann können diese Idioten alle möglichen Dinge schreiben und jeder denkt, dass das Mädchen dies gesagt hat. So etwas nennt man Identitätsdiebstahl. Das Internet macht dies auch ganz schön leicht und solcher Missbrauch kommt häufig vor. So manche Existenz wurde auf diese Weise schon zerstört.

Noch schlimmer wird es, wenn du anzügliche Bilder von dir gepostet hast. Wer auch immer dieses Bild von dir bekommen hat, kann seine Meinung über dich eines Tages ändern und

133

beschließen, jedem zu sagen, dass du eine Schlampe bist. Er kann einer weiteren Person dieses Foto zeigen und das reicht schon, um deinen Ruf zu ruinieren. Vielleicht landet dieses gewagte Bild von dir am Ende sogar auf einer Pornoseite, ohne dass du etwas dagegen unternehmen kannst. Mit Photoshop kann man übrigens Fotos so verändern, dass es so aussieht, als gehöre dein Kopf auf einen nackten Körper.

Später einmal werden auch dein Mann und deine Kinder mit diesen Bildern klarkommen müssen ...

Denkst du, ich bin hier ein bisschen übervorsichtig? Glaub mir, solche Dinge kommen vor!

Mein Rat an dich: Privates soll privat bleiben! Denk an deinen Zukünftigen und an deine Kinder, auch wenn sie jetzt überhaupt noch nicht in Sicht sind. Du kannst dir gewiss sein, dass Gott und alle Engel dir applaudieren, wenn du das schützt, was dir anvertraut wurde. Schütze dein Herz, deinen Körper, deinen Ruf, deine Beziehungen, deine Ehe, deine Kinder, deine Zukunft und bewahre dir die Möglichkeit, einen guten Einfluss auf diese Welt zu nehmen.

Du bist es wert!

Magst du mich jetzt?

Ich kenne viele hübsche Frauen, die von sozialen Netzwerken nichts halten oder sie kaum nutzen. Wenn sie auf Facebook eine Seite haben, erzählen sie darauf nicht ständig von all ihren guten Taten. Ich bin umgeben von Menschen, die nicht ständig ein „Like" brauchen. Zum Beispiel Linda, meine Schwiegermutter. Sie hat einen guten Einfluss auf mein Leben und meine Arbeit, aber mit sozialen Medien hat sie nichts am Hut.

Mein Mann schaut kaum auf Facebook vorbei. Dabei hätte er viele gute Dinge zu posten. Es ist ihm egal, wenn das niemand weiter mitbekommt.

Caris, die mit mir unsere Organisation gegründet hat, hat ebenfalls nichts mit sozialen Medien am Hut.

Sie fährt oft Mountainbike mit Mädchen, die in Not sind. Nimmt sie mit auf ihr Boot, bleibt nachts mit ihnen zusammen, um sich ihre Geschichten anzuhören. Liebevoll und freundlich hilft sie ihnen, sich auf den Weg mit Gott zu machen. Gott ist der Einzige, der das sieht und ihr dafür Beifall spendet. Von dem, was sie Gutes tut, postet sie keine Fotos, sondern tut es einfach. Sie braucht diese Art von Anerkennung einfach nicht. Sie hat keine Lust auf die Ablenkung, die Facebook, Snapchat und Co häufig mit sich bringen.

Ich nutze Facebook und unsere Organisation verschickt Nachrichten über Twitter, Pinterest und Instagram. Wir machen das, um das Licht von Jesus leuchten zu lassen. Das ist alles. Das ist mein einziges Ziel damit. Dabei muss ich aber immer aufpassen, nicht zu denken, dass die „Likes" anderer Menschen etwas mit mir zu tun haben. Wenn ich merke, dass ich mich zu sehr da hineingebe, muss ich den PC ausmachen. Ich widme mich dann den Menschen, die ich liebe.

Echte Nähe, echte Freundschaft, echte Wahrheit und echtes Leben passieren von Angesicht zu Angesicht, von Herz zu Herz. Wenn wir nicht aufpassen, verlieren wir das schnell aus dem Blick. Wir müssen uns immer wieder bewusst machen, dass ein Freund nicht ein Mensch ist, den wir gerade eben erst getroffen haben und noch gar nicht richtig kennen. Ein Freund ist dir sehr nah und unterstützt dich in deinem Leben. Die Anzahl deiner Onlinefreunde oder die Anzahl der „Likes", die du bekommst, sagen nichts über deinen Wert aus oder darüber, welchen Einfluss du nehmen kannst.

Wir dürfen nicht vergessen, dass Privatsphäre etwas Gutes ist. Es gab Zeiten, da wusste nicht jeder, mit wem die Leute gerade verabredet waren, wen sie mochten und an was sie glaubten.

Diese Infos waren nur einem kleinen Kreis vorbehalten. Heutzutage machen viele Menschen alle diese Infos öffentlich. Früher war die Frage, ob man mit einem Jungen gehen möchte, ein privater Moment zwischen dem Mädchen und ihrem Date. Jetzt wird es per Bildschirm in die Welt hinausgepostet.

Aus irgendeinem Grund fühlen sich viele von uns dazu verpflichtet, ständig allen zu erzählen, was wir gerade tun und wo wir gerade sind. Wann wird diese persönliche „Öffentlichkeitsarbeit" aufhören? Wenn Träume zerplatzen? Wenn etwas Schlimmes passiert? Oder wird auch das dann öffentlich gemacht werden?

Ich habe eine Freundin, die ihre ganzen Eheprobleme auf Facebook ausposaunte. Sie hatte sich scheiden lassen, und alles, was sie ihren Hunderten von „Freunden" geschrieben hatte, war damit ein öffentlich zugänglicher Bericht. Eines Tages könnte jemand die ganze Story ausdrucken und ihren Kindern geben. Wenn sie dann lesen würden, was ihre Mutter gefühlt, gesagt und ihrem Vater an den Kopf geworfen hat, würden die Kinder noch mehr an Verletzungen erfahren.

Ich kenne noch ein Beispiel. Ein Mädchen, das Probleme mit einer Freundin hatte, machte dies im Internet öffentlich. Später wollte sie diese Probleme gerne lösen. Doch ihre Freundin war sauer, dass sie den Konflikt öffentlich gemacht hatte, und die Freundschaft zerbrach daran.

Viele Frauen nutzen das Internet wie ein Tagebuch. Aber hey, deine Seite auf Facebook oder Snapchat ist nicht dein Tagebuch! Das Internet ist der letzte Ort, an dem du über deine privaten Probleme reden solltest. Deinen Schmerz solltest du mit Gott teilen, ein paar engen Freundinnen (maximal fünf) und vielleicht einer erfahrenen, erwachsenen Person.

Es ist klug, dem Beispiel von Jesus zu folgen. Jesus hat zu den Massen gesprochen und seine Lehre mit so vielen Menschen wie möglich geteilt. Seinen zwölf Jüngern hat er die tiefere Bedeutung seiner Geschichten und Gleichnisse erklärt. Aber seine persönlichsten Dinge teilte er nur mit seinen engsten Vertrauten. Als er auf einen Berg hinaufging, zeigte er seinen Jüngern Petrus, Jakobus und Johannes, wer er wirklich war. Dort kehrte er sozusagen sein Innerstes nach außen. In diesem Moment zeigte er alles. Aber nicht den Massen, sondern nur seinen engsten Freunden.

Und da, auf dem Berg, wo er so offen, ehrlich und wahrhaftig war, wie es nur ging, sprach Gott zu Petrus, Jakobus und Johannes. Sie hörten seine Stimme. Weißt du, was Jesus zu ihnen sagte hat, als sie wieder von dem Berg herunterkamen? „Behaltet das für euch. Erzählt niemandem davon, bis ich von den Toten auferstanden bin" (Matthäus 17,9).

Jesus war es wichtig, manche Dinge geheim zu halten. Er wusste, wann die Wahrheit einen Menschen freimacht und wann sie ihn zerstören würde. Er wollte nicht immer Aufmerksamkeit für das, was er tat. Wenn er Wunder vollbrachte, wollte er davon keine Live-Übertragung. Er sagte den geheilten Menschen immer wieder: „Sag es keinem. Sprich einfach nicht darüber."

Jesus vollbrachte Wunder und sagte den Menschen, sie sollen nichts darüber posten. So konnte es auch niemand bewerten oder „liken".

Die wertvollsten Begegnungen, die Jesus hatte, fanden von Angesicht zu Angesicht statt, im Gespräch unter vier Augen. Als er litt und starb, klagte er sein Leid nicht den Massen, sondern seinem Vater im Himmel. So wie ich das sehe, lebte Jesus wirklich nur für ihn, diesen einen, himmlischen „Zuschauer"!

Wer ist der Meister?

Es ist mitten in der Nacht. Ich arbeite an einer Bibelarbeit. Seit Wochen ist mein Kopf voll vom Wort Gottes. Ich habe viel über die Unterschiede zwischen dem Teufel und Jesus gelesen. Ich verlasse mein Arbeitszimmer, um mir einen Tee zu kochen. Im Fernsehen läuft gerade die Wiederholung vom „Bachelor". Die Show ist amüsant und verrückt, aber im Grunde komplett lächerlich.

Während ich darauf warte, dass mein Teewasser kocht, wird mir auf einmal bewusst, dass „Der Bachelor" große Lügen über Männer verbreitet. In der Sendung geht es darum, einen Mann anzubeten, und das zu glauben, was er über dich denkt.

Viele solcher TV-Shows verbreiten Lügen. „The biggest Loser" zum Beispiel. Dort geht es einzig und allein um dein Körpergewicht, das angeblich deinen Wert bestimmt. „In Germany's Next Topmodel" werden Mädchen miteinander verglichen und es wird die äußere Schönheit angebetet.

O nein!, denke ich. Ich möchte meinen Fernseher trotzdem behalten. Ich liebe Shows wie „American Idol" (das ist das amerikanische „Germany's Next Topmodel", Anm. der Übersetzerin) und ich werde mir auch die nächste Staffel von „The biggest Loser" ansehen. Dabei ist mir nicht entgangen, dass das Wort „Idol" (also „Götze") im Titel vorkommt und dass „Loser" eine Anspielung auf übergewichtige Menschen ist. Ich bin auch nicht so naiv zu glauben, dass bei „American Idol" und „Germany's Next Topmodel" keine Tränen fließen. Ich weiß, dass der Gewinn des einen Mädchens zulasten vieler anderer Mädchen geht. Die Fernsehlandschaft hat sich in den letzten dreißig Jahren sehr verändert. Genauso die Videospiele. Früher haben Jungs Pac-Man gespielt, heutzutage muss es ein Blutbad sein.

In Videospielen bekommen Jungs Punkte dafür, wenn sie Menschen umbringen. Im Fernsehen bekommen Mädchen

Aufmerksamkeit, wenn sie schon als Teenager Mutter werden oder mit anderen Mädchen rummachen. Diese Einflüsse sind da und sie machen uns krank. Es ist nicht leicht, diesen tiefen Graben zwischen der Gesellschaft und Gottes Wort zu überwinden, aber es ist möglich. Stell dir vor, dass dieser Graben ein großes Meer ist. Richte deinen Blick auf den Leuchtturm und höre auf den Kapitän. So kannst du die gefährlichen Stellen umschiffen.

In jeder großen Schlacht gibt es einen Feind, der dich verfolgt und versucht dich auszuschalten. Du musst dir bewusst werden, wer dein Feind ist. Er liebt Spaltung. Er liebt es, wenn du dich mit anderen vergleichst. Er liebt Eifersucht und Neid. Er liebt sich selbst. Er liebt Betrug. Er liebt den Tod. Er liebt sexuelle Perversion. Er liebt Äußerlichkeiten. Er liebt alles – außer unserem großen, wunderbaren Gott.

Und: Er arbeitet auch mit Bildschirmen!

Lass mich dieses schwierige Thema mit einer lustigen Geschichte abschließen. Als ich anfing, dieses Buch zu schreiben, habe ich bei Facebook, Instagram und Co eine Pause eingelegt. Das war ganz leicht. Gegen Ende meiner Schreibzeit habe ich sogar jegliche Medien gemieden. Außer natürlich meinen PC, den brauchte ich ja zum Schreiben. Der Grund meines „Medienfastens" war, dass ich mich so leicht ablenken ließ. Es kam vor, dass ich tagelang nicht schrieb, wenn ich nebenbei mein Mail-Programm offen hatte. Also habe ich im Endspurt für dieses Buch auch E-Mails komplett ignoriert. Ich beschloss, mir nichts anderes auf meinem Bildschirm anzusehen als das Worddokument für dieses Buch.

Echte Nähe, echte Freundschaft, echte Wahrheit und echtes Leben passieren nur von Angesicht zu Angesicht und von Herz zu Herz.

Ich habe wirklich versucht, mein Bildschirmfasten bis zum Schluss durchzuziehen, aber es hat nicht so ganz geklappt. Viele

Freunde haben mir ermutigende Nachrichten geschickt und irgendwie hatte ich das Gefühl, ich sollte darauf antworten. Ich nahm mir vor, sie zu beantworten, wenn ich eh gerade eine Schreibpause machte. Natürlich hat das nicht funktioniert. Die Nachrichten gingen hin und her. Eine SMS enthielt die Nachricht, dass ich eine wichtige E-Mail bekommen habe. Ich öffnete diese Mail und sah natürlich auch alle anderen Nachrichten, die weniger wichtig waren.

Ich hatte wirklich mein Bestes gegeben, aber es war fast unmöglich, mich vom Handydisplay, von E-Mails und Kurznachrichten fernzuhalten.

Als ich meiner Frisörin davon erzählte, zeigte sie auf mein Handy gezeigt und befahl ihm: „Sei still!"

Ja, manchmal müssen wir dem Smartphone oder dem Computer wirklich befehlen, Ruhe zu geben – und uns dazu bringen, unsere Aufmerksamkeit ganz den Menschen zu widmen, die uns wichtig sind. Wir sollten aufhören, unsere Zeit am Bildschirm zu verschwenden, und sie wieder mit besseren Tätigkeiten zu füllen. Wir müssen uns immer wieder bewusst machen: Wir bestimmen über die Medien, nicht sie über uns.

Wir können die Medien als Fahrzeug nutzen, um damit ein gutes Ziel zu erreichen. Wir können sie als Fahrzeug gebrauchen, um jemanden „abzuholen", der vielleicht verloren ist, und diesen Menschen dahin bringen, wo er eigentlich hingehört.

Es gibt endlose Möglichkeiten, Medien wie Facebook, Instagram, WhatsApp und Co dafür zu nutzen, das Licht in eine verlorene und verletzte Welt zu tragen! Darum: Überlege stets, wohin dich die Medien bringen, und ob ihr Einsatz etwas Positives oder eher etwas Negatives bewirkt.

Die fünfte Wahrheit:
Du bist Gottes auserwählte
Botschafterin

„Ihr seid meine Zeugen!", spricht der Herr.
„Und ihr seid mein Diener, den ich erwählt habe."
Jesaja 43,10; NL

Ein Liebesbrief vom Himmel

Meine geliebte Tochter,

die Medien erreichen Massen von Menschen. Das klingt nach einer tollen Möglichkeit, Menschen mit meiner Liebe zu berühren. Du kannst Bücher über meine Liebe schreiben, Lieder darüber singen, Videos machen und Gedichte schreiben, um anderen deine Gedanken über meine Liebe mitzuteilen. Durch das Internet hast du die Möglichkeit, den Duft meiner Liebe zu verströmen – weiter als je eine Generation vor dir!

Ich möchte, dass die Menschen nicht nur mit ihren unmittelbaren Nachbarn sprechen, sondern auch mit Menschen am anderen Ende der Welt. *Das Internet öffnet dir ein Fenster zur Welt. Aber das heißt auch, dass es Dingen einen Weg in dein Herz bahnt, die nicht gut für dich und für andere sind. Alles kann sowohl zu meiner Herrlichkeit als auch zum Schaden genutzt werden.*

Meine Kinder arbeiten mittels Internet daran mit, dass Brunnen in Afrika gebaut werden, Hungrigen Essen gegeben und Kinder, Frauen und Männer aus den Fängen des Menschenhandels befreit werden. Menschen, die verstanden haben, welche Möglichkeiten das Internet bietet, nutzen es als Fahrzeug, um die Verlorenen zu retten und denen zu helfen, die in Not sind. Durch das Internet machen meine Kinder einander Mut, an mich zu glauben. Sie kämpfen hart für die Träume, die ich ihnen ins Herz gelegt habe.

Doch die hässliche Wahrheit ist: Während ein Mensch seine Webcam nutzt, um eine Mut machende Videobotschaft aufzunehmen, nutzt ein anderer sie dafür, das Böse zu stärken. Während eine Frau um Hilfe ruft für die, die sexuell missbraucht werden, bietet eine andere Frau ihren Körper zum Verkauf. Jemand postet Bibelverse auf Facebook, während ein anderer dort gegen Leute hetzt und sie mit Worten verletzt.

In der Welt des Internets ist alles erlaubt. Aber ich bin nicht mit allem einverstanden. Der Bildschirm beschützt meine Kinder nicht und wird es auch niemals tun. Es liegt also an dir, dein Herz zu schützen. Bildschirme sind gefährlich, wenn du nicht in einer bestimmten Sicherheitszone bleibst. Du musst ein Schutzschild tragen und auch deinen Verstand schützen. Hülle dich in meine Wahrheit und höre auf meine Stimme.

Ich werde dir sagen, wann es Zeit ist, vom Bildschirm wegzugehen oder das Handy auszumachen, damit du in Kontakt

mit Menschen in deiner Umgebung kommst. Die sind so viel
wichtiger als deine Onlinekontakte!
Glaube niemals die Lüge, dass irgendetwas, das du auf
einem Bildschirm oder Display siehst, deinen Wert bestimmt.
Sieh dich und andere mit meinen Augen. Betrachte alles, was
du siehst, mit meinem Blick.

Dein himmlischer Vater

God, Good

Ist dir schon mal aufgefallen, dass die Tagesschau fast immer
schlechte Nachrichten zeigt? Autounfälle, Terroranschläge, ent-
flohene Häftlinge, Gewalt, Naturkatastrophen. Gute Nachrichten sind keine Meldung wert. In Nachrichtensendungen geht es
immer um den Schocker, die Tragödie, die Anklage, den Streit,
den Betrug. Das heißt nicht, dass wir keine Nachrichtensendungen mehr schauen sollten. Jedoch sollte uns klar sein, dass die
Medien sich fast immer auf das Negative konzentrieren – und
uns anlügen können.

Liebe Gott so, wie du das Leben liebst.

Gott ist kein Heuchler und auch kein Lügner. Gott ist immer
ehrlich und direkt. Er ist kein Gott der Verwirrung und er profi-
tiert auch nicht von schlechten Nachrichten. Er ist der Gott der
guten Nachricht.

Der Engel sagte damals auf dem Feld bei Bethlehem zu den
Hirten: „Fürchtet euch nicht! Ich verkünde euch eine Botschaft,
die das ganze Volk mit großer Freude erfüllt!" (Lukas 2,10). Später zitierte Jesus im Tempel aus dem Buch des Propheten Jesaja:
„Der Geist des Herrn ruht auf mir, weil er mich berufen hat. Er
hat mich gesandt, den Armen die frohe Botschaft zu bringen.
Ich rufe Freiheit aus für die Gefangenen, den Blinden sage ich,
dass sie sehen werden, und den Unterdrückten, dass sie bald

von jeder Gewalt befreit sein sollen. Ich rufe ihnen zu: Jetzt erlässt Gott eure Schuld" (Lukas 4,18–19). Gott hat Jesus gesandt, damit unsere Mutlosigkeit in Jubel verwandelt wird (Jesaja 61,3). Gott geht es ausschließlich um Gutes.

Nachdem Jesus in den Himmel aufgefahren war, gab es damals im Römischen Reich viel Unruhe. Menschen, die an Jesus Christus glaubten, erlebten großes Leid, wurden verfolgt und hingerichtet. Was war der Rat des Apostels Paulus an diese Menschen? Hat er schlechte Nachrichten verbreitet? Nein! Er bat die Christen, die Gute Nachricht zu predigen, eine Nachricht voller Leben und Hoffnung.

„Seht nach oben", sagte er. „Konzentriert euch auf das Gute. Orientiert euch an dem, was wahrhaftig, gut und gerecht, was redlich und liebenswert ist und einen guten Ruf hat, an dem, was auch bei euren Mitmenschen als Tugend gilt und Lob verdient" (Philipper 4,8).

Warum sagte er das? Und warum sollen wir uns auf das Positive konzentrieren?

Die Antwort: Je mehr wir uns auf etwas Positives konzentrieren, desto mehr werden wir es auch widerspiegeln. Paulus möchte, dass wir „wie Sterne in der Nacht" leuchten, weil wir an der Botschaft Gottes festhalten (Philipper 2,15). Die Welt braucht mehr Güte, mehr Glauben, mehr Licht, mehr Heilung und mehr Hoffnung. Die Welt braucht nicht noch mehr Schmerz und Elend. Ich wünschte, die Schlagzeilen würden eher bestimmt von den Organisationen, die Menschen in großer Not helfen.

Es gibt heute mehr Sklaven auf der Welt als zu irgendeinem anderen Zeitpunkt in der Geschichte der Menschheit: 27 Millionen Männer, Frauen und Kinder weltweit werden als Zwangsarbeiter oder Sexsklaven gehalten. Es gibt weltweit zahlreiche Organisationen, die ganze Dörfer und Kleinstädte mit Ressourcen, Bildung, Medizin, sicheren Behausungen, Seelsorge und

Jobtraining versorgen. So wie man ein Kind aus einem brennenden Gebäude retten würde, retten diese Helden Frauen und Mädchen aus der Sexsklaverei.

Ich finde, das sind gute Nachrichten! Das sollten die Topmeldungen sein. Aber die Medien werden sich kaum darum kümmern.

Was immer du tust: Tu es als Repräsentantin deines himmlischen Zuhauses.

Wenn wenigstens die Lokalnachrichten über Vereine und Organisationen direkt vor Ort berichten würden, die Gutes bewirken! Aber auch das passiert eher selten. Organisationen wie die, die meine Freundin Polly ins Leben gerufen hat. Sie kümmert sich um Frauen, die aus der Sexarbeit aussteigen wollen. Die Frauen, die sich für „We Are Cherished" (d. „Wir sind wertgeschätzt") engagieren, gehen regelmäßig in Stripclubs. Sie laden die Stripperinnen zum Teetrinken ein, um ihnen zu sagen, dass sie für mehr gemacht sind als für diese Arbeit. Wenn die Stripperinnen der Einladung folgen und ins *Cherished House* kommen, erhalten sie dort schöne Kleider und ihnen wird geholfen, dass sie eine andere Arbeit oder eine Ausbildungsstelle finden. Die Frauen von „We Are Cherished" erzählen ihnen, dass sie durch Jesus noch mal völlig neu anfangen können. Das nenne ich Schönheit.

Das Leben meiner ehemaligen Schülerin wäre ein toller Aufmacher für die nächsten Fernsehnachrichten. Du erinnerst dich? Das Mädchen, das vom Ritzen, den Selbstmordgedanken, der Sucht, Sex und der Ess-Brech-Sucht losgekommen ist. Ich habe schon genau im Ohr, wie die Meldung klingen könnte: „Mädchen, wählt ein besseres Leben! Das ist der Themenschwerpunkt unserer heutigen Sendung. Letzte Nacht wurden um 23 Uhr in Kambodscha zwei weitere Mädchen aus der Sklaverei befreit. Freiheit von Stripclubs und Prostitution. Und es gibt auch gute Nachrichten direkt aus Ihrer Nachbarschaft. Peggy fand den Ausstieg aus Selbstmordgedanken und ihrer Ess-Brech-Sucht!"

Das wäre toll. Wir könnten Frieden und Heilung verkünden. Wir könnten uns auf die Freiheit konzentrieren.

Es gab eine Zeit in meinem Leben, in der war ich so verwirrt, dass ich Gutes nicht mehr vom Bösen unterscheiden konnte. Das mag verrückt klingen, aber in meiner Zeit als Model war ich wirklich ganz schön durcheinander.

Mein Seelsorger hat mir dann diese einfache Formel beigebracht:

GOD = GOOD
DEVIL = EVIL*

Im Englischen macht hier genau ein Buchstabe den Unterschied zwischen *God* und *good* bzw. zwischen *devil* und *evil*.

Unsere Welt verdreht das oft und nennt das Böse „gut" und das Gute „böse". Aber das ist absolut falsch, nichts könnte der Wahrheit weniger entsprechen. Wenn etwas gut ist, dann hat Gott damit zu tun. Wenn etwas böse ist, dann steckt der Teufel dahinter. Klingt simpel und das ist es auch. Es hat mir dabei geholfen, das Gute von dem Bösen in meinem Leben zu unterscheiden. Es hat mir auch dabei geholfen, Grenzen zu setzen und meine Familie vor dem Bösen zu beschützen – so weit es in meiner Macht stand.

Als junge Frau hatte ich kaum eine Ahnung von gesunden Grenzen. Als Gottes Königstöchter sollten wir wachsam sein und sichere Grenzen um unser Herz und unseren Körper ziehen. Nur das Gute darf hereinkommen. Nichts Böses. Dafür

---

*   Gott = gut, Teufel = böse

muss man stark sein. Man darf nicht zulassen, dass Menschen oder Situationen über einen bestimmen. Eine Freundin von mir sagt immer: „Sei ein Thermostat, kein Thermometer." (Ein Thermostat ist das kleine Ding an der Heizung, das die Temperatur in einem Raum reguliert.) Das bedeutet: Du bestimmst die Temperatur deiner Umgebung – und nicht die Umgebung dich!

Sei stark, wenn du mit Menschen zu tun hast, die versuchen mit Pfeilen auf dich zu schießen. Dann heb deine Hand und sage: „Genug!" Wenn es besser ist zu gehen, dann geh. Betritt keinen unheiligen Boden, denke daran, dass du heilig bist.

Trag keine Maske, um deinen Schmerz zu verstecken oder um jeden Preis gut auszusehen. Bei Gott musst du keine Maske tragen, er wird deinen Schmerz in etwas Gutes verwandeln. Sei weise im Umgang mit den Medien. Wenn du etwas auf dem Display siehst, das mit Betrug, Lügen, Gewalt, Mobbing oder Pornografie zu tun hat, dann mach das Ding aus! Wenn dir jemand bei Facebook oder WhatsApp schaden will, dann „entfreunde" diese Person. Wenn du etwas löschen musst, um dein Herz zu schützen, dann lösche es.

Wenn wir nicht aufpassen, können wir schnell vom Weg abkommen und aus den Augen verlieren, wozu wir eigentlich da sind. Wir sind nicht auf der Welt, um ständig nach Anerkennung zu suchen oder uns von der Sucht nach Aufmerksamkeit wertvolle Zeit rauben zu lassen. Jeder von uns ist zu etwas Höherem berufen!

In deinem Haus wohnen Menschen, die dich brauchen und denen du zeigen kannst, dass sie wichtig sind. Vielleicht gibt es Menschen in deiner Nachbarschaft, die sich gefangen fühlen, die allein sind, Angst haben, die vielleicht sogar missbraucht werden. Sie brauchen dich, damit du ihnen Gottes lebendige Worte des Lebens weitergibst. Vielleicht brauchen sie auch ganz konkrete Hilfe, einen Besuch, eine warme Mahlzeit. Es gibt überall Menschen, die unsere Hilfe gebrauchen können und die erfahren müssen, wozu sie leben.

Auserwählt

Wir dürfen nicht zulassen, dass das Böse in der Welt uns überwältigt. Wir dürfen uns nicht zurückziehen, weil wir denken, dass wir sowieso nichts ausrichten können. Wir sind nicht machtlos. Wer mit Jesus lebt, lebt in genau der Kraft, die ihn von den Toten auferweckt hat! Es liegt an uns, diese Kraft zu nutzen. Wenn du etwas verbockt hast, dann denke immer daran: Gott liebt dich. Er ist verrückt nach dir.

„Ich selbst habe dich aus der Welt herausgerufen", sagt Jesus (siehe Lukas 23,35). „Du bist mein Zeuge! ... Und du bist mein Diener, den ich erwählt habe ..." (siehe Jesaja 43,10).

Gott sagt auch zu dir: „... dich allein habe ich vom Ende der Erde herbeigeholt. Von weither habe ich dich gerufen und zu dir gesagt: ‚Du sollst mir dienen!'" (Jesaja 41,9–10).

Jesus spricht uns allen zu: „In der Welt habt ihr Angst, aber lasst euch nicht entmutigen: Ich habe die Welt besiegt" (Johannes 16,33).

Ich bin begeistert davon, wie direkt Gott hier ist.

Ich habe dich auserwählt.
Dich wollte ich.
Ich glaube an dich und ich helfe dir.
Ich werde dich niemals verlassen.

Wie hart das Leben auch sein mag, wir müssen uns immer wieder die Wahrheit zusprechen:

Der, der in mir lebt, hat die Welt überwunden.
Ich bin mehr als ein Überwinder.

Ich kann den Stürmen dieses Lebens als Sieger entgegentreten,
denn Gott hat schon gewonnen.

Er hat uns auserwählt, um ihn auf dieser Welt zu vertreten. Nicht weil wir so toll sind, sondern weil wir schwach sind. Durch unsere Schwäche kann er sich nämlich als stark erweisen. Paulus nennt Jesus-Nachfolger auch „Botschafter Christi" (2. Korinther 5,20), die von Jesus den Auftrag bekommen haben, die Welt mit Gott zu versöhnen. Ein Botschafter ist ein hochrangiger Diplomat, der sein Heimatland im Ausland vertritt. Der Botschafter steht für die Grundsätze dessen, der ihn gesandt hat.

Du bist eine Botschafterin des Allerhöchsten. Die gute Nachricht ist: Es geht nicht um deine Stärke, sondern um seine Stärke. Nur er kann heilen. Nur er kann befreien. Nur er kann wiederherstellen und der Seele neue Kraft geben. Alles, was wir tun müssen, ist, bereit zu sein und zu sagen: „Hier bin ich, Herr! Sende mich!" Wohin er uns sendet und wie er das macht, entscheidet er. Vielleicht schickt er uns nach Afrika oder in eine Einrichtung für Obdachlose in unserer Nachbarschaft – oder zu einem Klassenkameraden. Vielleicht sagt er uns, dass wir zu Hause helfen sollen, vielleicht sendet er uns auch für eine Zeit ins Ausland. Wo auch immer er uns hinschickt, dürfen wir wissen, dass er es ist, der uns führt.

Er ist ein guter Gott und nichts, was er tut, geschieht außerhalb seiner Liebe für uns.

Wo auch immer wir als seine Töchter hingehen: Wir gehen als Licht für ihn, als seine Botschafterinnen.

Sag es weiter!

In der Bibel gibt es viele tolle Botschafter. Paulus, der sich einst leidenschaftlich für die Hinrichtung von Christen eingesetzt hatte, ist das perfekte Beispiel dafür, dass unsere Vergangenheit nicht unsere Zukunft bestimmen muss. Paulus war anfangs ein erbitterter Feind von Jesus – und wurde dann sein größter Anhänger. Zwei Drittel des Neuen Testamentes wurden von ihm geschrieben. „Christus ist mein Leben und das Sterben für mich nur Gewinn", schrieb er in seinem Brief an die Philipper (Kapitel 1,21).

Ich hatte nie vor, eine Botschafterin zu werden oder ein Licht oder irgendetwas in der Art. Ich war ein einfaches Mädchen, das von der Hand des Allmächtigen berührt wurde, als es ihm schlecht ging. Seitdem habe ich viele Fehler gemacht. Immer wieder bin ich auf den Knien gelandet. Aber eins weiß ich: Egal was in deiner Vergangenheit passiert ist, ob Gutes oder Schlechtes: Du bist auserwählt, seine Zeugin zu sein, seine Botschafterin, sein Mädchen in einer Welt, die sein Licht so dringend braucht.

Was immer du tust, tu es als Repräsentantin deines himmlischen Zuhauses.

Die erste Botschafterin für Jesus Christus hieß übrigens Maria Magdalena. Jesus hat sie von sieben Dämonen befreit und sie dann gebeten, die Erste zu sein, die seine Auferstehung verkündet.

Bevor sie Jesus kennenlernte, war sie von Dämonen besessen. Zu ihrer Zeit bedeutete das, dass niemand so wirklich wusste, woher ihre Beschwerden kamen. Man nannte diese Menschen „besessen" und meinte damit wohl auch: „Der Teufel hat sie in der Hand."

Ich bin sicher, Maria Magdalena fühlte sich gequält. Abgelehnt. Nicht geliebt. Wertlos. Ohne Lebenssinn. Verloren. Ziellos. Verängstigt. Missverstanden. Deformiert. Dann kam Jesus. Der, nach dem sich ihre Seele gesehnt hatte.

Er trieb die Dämonen aus und heilte sie. Was hätte sie sonst tun sollen, als ihm auf Schritt und Tritt zu folgen? Sie hatte weder Ehemann noch Kinder. Von Galiläa aus, wo er sein Wirken begonnen hatte, folgte sie ihm überallhin. Ich glaube, seine Kreuzigung miterleben zu müssen, war das Schlimmste, was sie je erleben musste. Er war alles, was sie hatte. Sie hatte die Liebe kennengelernt. Sie hatte mit dem Erlöser gefeiert, ihrem Heiland. Aber dann wurde er ihr weggenommen.

Am Sonntagmorgen, als alle anderen noch schliefen, kam Maria Magdalena noch vor der Morgendämmerung in den Garten. Sie betrat das Höhlengrab, aber er war nicht mehr da.

„O nein!", rief sie. „Sie haben meinen Herrn mitgenommen und ich weiß nicht, wohin sie ihn gebracht haben!"

„Frau, warum weinst du?", fragte da plötzlich eine Stimme. „Wen suchst du?"

„Herr, wenn ihr ihn weggebracht habt, dann sagt mir, wohin, damit ich ihnen holen kann."

„Maria", sagte die Stimme sanft.

Zuerst dachte sie, er sei der Gärtner, aber dann wurde ihr klar, dass es Jesus war. „Rabbi!", rief sie. „Mein Meister!"

Sie versuchte ihn festzuhalten, aber er wich zurück und bat sie, ihn nicht zu berühren, weil er noch nicht zu seinem Vater zurückgekehrt war. Ich bin sicher, sie hätte ihn am liebsten für immer festgehalten. Ich wette, jede Faser ihres Körpers schrie: „Bleib!" Wie schrecklich, dass er wieder gehen musste!

Aber er hatte einen Auftrag für Maria. Er bat sie, zu den Jüngern zu gehen und ihnen die gute Nachricht zu bringen: Er ist auferstanden.

Sie musste loslassen. Sie musste sich abwenden von dem, was sie sehen konnte, und ihren Blick auf das richten, was sie nicht sehen konnte. Nicht das, was sie vor Augen sah, war das Entscheidende, sondern das, was Gott getan hatte. Was sie sehen konnte, war nur zeitlich begrenzt. Was sie nicht sehen konnte, hatte dagegen für immer und ewig Bestand.

Also tat sie, worum er sie gebeten hatte. Sie rannte.

Auf eine seltsame Weise waren „Maria, geh!" die vielleicht wunderbarsten Worte, die sie je gehört hatte, denn sie machten deutlich, dass er ihr zutraute, seine Stimme hören zu können, auch wenn er ihr nicht als Mensch mit einem echten Körper erschienen war. Jesu Worte machten deutlich, dass er daran glaubte, dass sie, die verrückte Maria, seine Zeugin sein konnte.

Natürlich glaubten die Jünger ihr erst mal nicht. Sie wollten es selbst sehen. Aber dann wurde klar, dass sie die Wahrheit gesagt hatte. Jesus war auferstanden. Er hatte den Tod besiegt. Er hatte alles Leid und allen Schmerz besiegt. Dann erschien Jesus auch ihnen und gab ihnen die gleiche Aufgabe, die er Maria gegeben hatte: Sagt es allen weiter!

Manche Legenden sagen, dass Maria danach zum Fasten und Beten in die Wildnis ging und von Dämonen gequält wurde. Andere Legenden erzählen davon, dass sie als Predigerin auf eine Insel ging. Ich glaube nicht, dass sie einfach so für immer in der Wildnis verschwand.

Sie war schon aus der Wildnis herausgerufen worden und hatte einen Sinn und ein Ziel für ihr Leben bekommen. Sie war das Sprachrohr für den, den ihre Seele liebte.

Ich bin mir sicher, dass der Feind versucht hat, sie anzugreifen, um sie mundtot zu machen, aber ich bin überzeugt davon, dass er keinen Erfolg hatte. Manchmal glaube ich, Marias Stimme hören zu können. Ich höre, wie sie zu mir sagt:

Gib nicht auf. Du hast schon viel durchgemacht, aber dein Schmerz ist nicht dein Spiegel. Dein Leid ist nicht das Ende. Auch Jesus hat Schweres durchgemacht. Menschen haben ihn angespuckt. Sie haben ihn verspottet und ausgepeitscht. Ihn verhöhnt, indem sie ihm eine Dornenkrone aufgesetzt haben.

Jesus heilt dich. Das muss nicht unbedingt von heute auf morgen passieren. Heilung kommt oft in Wellen. Er liebt dich verschwende-risch. Er hat dich mit seiner Stimme gerufen. Folge ihr. Selbst wenn du nicht weißt, wohin sie dich führt, folge ihr. Er wird dich Schritt für Schritt begleiten. Manchmal schließt sich eine Tür und eine an-dere öffnet sich. Wenn du innehältst und auf ihn hörst, wirst du die Stimme Gottes erkennen, und er wird dich nie in die Irre führen. Bete eindringlich. Liebe von Herzen. Glaube mit aller Macht.

Hab keine Angst. Sei mutig und stark. Schaue auf Jesus und er wird dich von innen heraus erleuchten. Geh und sag es allen weiter!

Richte deinen Blick auf das, was gut ist.

Ich habe einmal bei einer Weihnachtsveranstaltung für Frauen meine Geschichte erzählt. Die Frauen hatten ein rie-siges weißes Zelt errichtet, in dem Tische mit Kerzen standen und viele, viele Lichterketten hingen. An dem Abend lag eine fast romantische Stimmung in der Luft. Ich wartete hinter dem Vorhang, bis ich an der Reihe war und betete. Als ich Amen ge-sagt hatte, war ich voller Energie und bereit, die Bühne zu be-treten. Mir wurden die Füße heiß in meinen hohen, schwarzen Stiefeln, die unbedingt Richtung Bühne wandern wollten. Ich fühlte ein Feuer in meiner Seele. Sobald das Mikrofon „on" war, hörte man es auch in meiner Stimme. An dem Abend fühlte ich, dass Jesus in mir lebt, so sicher wie noch nie zuvor.

Am Ende meines Vortrags fragte ich, ob jemand Jesus als seinen Erretter annehmen möchte. Als ich die Einladung aus-gesprochen hatte, legte sich etwas wie ein dunkler, schwerer Schleier über den Raum. Eine fast schläfrige Atmosphäre mach-te sich breit. Die Frauen saßen mit gesenkten Köpfen da und rührten sich kaum.

„Wer will Jesus folgen?", fragte ich. Meine Stimme hallte in dem riesigen Zelt wider.

Dann sah ich ganz am anderen Ende des Zeltes unter den fünfhundert Frauen eine junge Frau. Sie streckte ihre Hand in die Höhe. Dann erhob sie sich von ihrem Stuhl, während sie die Hand immer noch so weit ausstreckte, wie sie konnte. Sie war die Einzige, die an diesem Abend Jesus in ihr Leben einlud.

Was ich von der Bühne aus sah, kam mir vor wie ein Bild von dieser Welt: gesenkte Köpfe, verschlossene Herzen, Dunkelheit, die sich wie ein Schleier über die Seelen der Menschen legt. Der Feind möchte, dass alle geduckt bleiben und vor sich hin schlummern. Aber dann sah ich den Glauben dieser einen Frau.

Bist du das eine Mädchen, das sich aus der Menge erhebt und sagt: „Ich glaube!"?

Ich war einmal dieses Mädchen, in einer Welt, in der die Wolken tief hingen und es mir so vorkam, als könne niemand mich sehen. Ich wollte Gott so sehr, wie ich das Leben wollte, und ich habe den gefunden, den meine Seele liebt.

Erlöst

Meine Wange ist immer noch auf das Sofakissen gepresst. Ich möchte meine Augen nicht aufmachen, selbst wenn ich könnte. Keine Chance, ich bin immer noch bei meiner Vision vom Tempel und Jesus hat mir gerade zugezwinkert. Ich sehe, wie all die Menschen Gott loben. Es herrscht eine riesige Freude.

Dann ändert sich plötzlich das Bild. Jetzt bin ich wieder auf der Wiese, auf der ich am Anfang war, in einem großen Haus mit Stockbetten. Es gibt da ohne Ende Stockbetten und alle meine Freundinnen sind da. Wir liegen alle in unseren Betten und haben uns in unsere Bettdecken eingekuschelt. Alle warten auf die Gutenachtgeschichte.

Überlebensgroß sitzt Jesus auf einer Bettkante. In der Hand hält er ein riesiges Buch. „Das Buch der Geschichten" steht auf dem Buchrücken.

„Soll ich euch eine Geschichte vorlesen?", fragt er.

„Ja, gerne!", sagen wir wie mit einer Stimme.

Dann öffnet er das riesige Buch und liest uns eine Geschichte vor.

Neben der Tatsache, dass ich Jesus sehr liebe, liebe ich auch den Tempel. Und neben der Tatsache, dass ich den Tempel so sehr liebe, liebe ich es, bei Freunden zu übernachten. Und neben der Tatsache, dass ich solche Übernachtungen liebe, liebe ich gute Geschichten.

Dann ändert sich das Bild erneut.

Jetzt ist es Morgen. Ich sitze in eine Wolldecke gehüllt in einem Schaukelstuhl auf der Veranda des Hauses mit Blick auf die große Wiese. Jesus bringt mir eine Tasse heißen Kaffee und setzt sich neben mich.

Die Weide liegt vor uns, ein endloses Feld voller weizenfarbenem Gras und Feldblumen. Dahinter erstreckt sich ein dichter Wald und in der Ferne erahnt man Hügel und Berge. Lächelnd wende ich mich Jesus zu und da sehe ich, dass mein liebster Shane auf der anderen Seite neben Jesus sitzt. Auch er im Schaukelstuhl, eine Tasse Kaffee in der Hand.

Shane und Jesus fangen an zu lachen und herumzualbern. So persönlich das Tempelthema für mich war, so persönlich geht Jesus auch mit Shane um.

Noch einmal ändert sich das Bild. Unsere ganze Familie läuft über das Feld. Auf seine starke und lockere Art trägt Shane unsere Kinder. Ich folge ihnen voller Freude.

Unsere geliebten Hunde sind bei uns und tollen und rennen über das Feld.

Alles ist befreit. Es ist schöner, als man es sich je vorstellen kann.

Es gab eine Zeit in meinem Leben, da fühlte es sich so an, als hätte mir jemand den Boden unter den Füßen weggezogen. Ich war in tausend Stücke zerbrochen. Mir erschien es besser, keine Vorträge mehr zu halten, nichts mehr zu schreiben und einfach den Mund zu halten. Ich hatte den Eindruck, es sei besser, ich würde einfach aufhören. Ich beschloss, dass ich einfach zu kaputt, zu verletzt und zu durcheinander war, um dieses Botschafterinding richtig hinzubekommen.

Dann ging ich eines Tages in die Gemeinde. Sehr viele Menschen sangen und machten Lobpreis und ich konnte nichts weiter tun als hemmungslos zu weinen.

Unser Gemeindeverbund hatte gerade besondere Armbänder anfertigen lassen. An jedem hingen fünf Symbole, die daran erinnern sollten: Du bist Gottes Tochter. Seine Schöpfung. Sein Tempel. Sein Licht. Seine Botschafterin.

Ich trug das Armband an diesem Tag zum ersten Mal. Ich fühlte mich furchtbar, als ich es ansah, und fingerte an den kleinen Anhängern herum.

Ich bin keine Prinzessin!, dachte ich. *Ich bin kein Tempel! Ich bin keine Botschafterin. Ich habe kein Licht. Ich bin nichts von alldem. Nichts!*

Ich bekam kein Wort von dem mit, was der Pastor sagte. Aber dann sah ich auf.

„Punkt eins", sagte er. Dann erschienen diese Worte per Beamer auf der Leinwand:

„Deine Identität ist stärker als deine Zerbrochenheit."

Meine Schwester, meine Freundin, deine Identität ist stärker als deine Zerbrochenheit.

Höre nie auf zu glauben. Höre nie auf zu lieben. Höre nie auf, das zu leben, was Gott in dich hineingelegt hat. Dein Name ist: Tochter, Schöpfung, Tempel, Licht, Botschafterin.

Du bist auf der Gewinnerseite. Du bist mehr als eine Siegerin.

Dein einzig wahrer Spiegel ist Gott. Er spiegelt wider, wer du wirklich bist. Er, der in dir ist, ist größer als der, der in der Welt ist. Gib nicht auf. Kämpfe. Du bist mehr als das, was Männer denken. Du bist mehr als das, was du im Spiegel siehst oder was die Medien dir sagen. Du bist mehr als die Maske, die du trägst. Du bist seine geliebte Tochter. Du bist seine kostbare Schöpfung. Du bist sein wunderschöner Tempel. Du bist sein strahlendes Licht. Du bist seine auserwählte Botschafterin. Und du bist eine Weltveränderin. Wirklich!

P. S.: Sag es weiter

Mein Herzenswunsch ist es, dass du Gottes gute Botschaft weitersagst. Wenn dich dieses Buch zum Nachdenken gebracht hat, dann teile deine Gedanken mit anderen.

Poste etwas darüber, teile es anderen mit, twittere, schreib eine Buchrezension, schreib einen Brief an den Verlag oder gib das Buch einer Klassenkameradin, wenn du es gelesen hast. Sprich über die Lügen und die Wahrheit mit einem Mädchen, das jünger ist als du, damit sie von dir lernen kann. Oder auch mit einer älteren Frau, um vielleicht von ihr zu lernen. Vielleicht magst du auch in einer Kleingruppe die Andachten im zweiten Teil dieses Buches durcharbeiten. Teile sie mit deiner Schwester, Tante, besten Freundin oder deiner Mutter. Tu mir bitte den Gefallen und gib den Staffelstab weiter. Zu viele Frauen und Mädchen konzentrieren sich auf die Unterschiede statt auf die vielen Dinge, die sie gemeinsam haben.

Erzähle anderen von der wunderbaren Wahrheit, wer wir in Gottes Augen sind.

Für ihn sind wir alle seine Töchter, seine Schöpfung, sein Tempel, sein Licht, seine Botschafterinnen.

Sag es weiter!

Die wunderbare Wahrheit

30 Andachten für dein Herz

Ich möchte dich dazu ermuntern, diese Andachten für deine ganz persönlichen Zeiten mit Gott zu nutzen. Dies kannst du alleine tun oder mit deiner Kleingruppe, deiner besten Freundin oder im Teen- oder Jugendkreis. Diese Andachten werden dir helfen, deinen wahren Wert zu erkennen. Für dreißig Tage bekommst du auf den folgenden Seiten jeweils eine besondere Botschaft aus dem Wort Gottes, einen „Edelstein für dein Herz". Bewahre diese Edelsteine gut in deinem Herzen auf, sie werden dir helfen, gestärkt und zielgerichtet durchs Leben zu gehen.

TAG 1

Verlass dich auf Gott

Herr, was ist schon der Mensch!
Warum schenkst du ihm überhaupt Beachtung?
Warum kümmerst du dich um ihn?
Sein Leben ist vergänglich und gleicht einem Schatten,
der vorüberhuscht.
Psalm 144,3–4

Wenn wir uns von dem abwenden, was Menschen über uns denken, und uns Gottes Wort, der Bibel zuwenden, so lernen wir ein paar interessante Dinge über uns Menschen. In 1. Mose 1,26 erfahren wir, dass Gott uns „als sein Ebenbild" erschuf. Wir Menschen sind die einzigen Geschöpfe, die Gott als sein Ebenbild erschaffen hat. Wir spiegeln also Gott selbst wider und haben damit auch die Hoheit über alle anderen erschaffenen Wesen.

Aber Vorsicht, wir Menschen sind dadurch *keine* Götter. Genauso wenig, wie wir Ebenbilder von anderen Menschen sind. Sei deshalb vorsichtig, wenn Menschen bestimmen wollen, wer du bist. Menschen entscheiden nicht über deinen Wert, sondern einzig und allein Gott.

Der heutige Vers sagt: Das Leben des Menschen ist „vergänglich", es gleicht „einem Schatten". Und in Jakobus 4,14 heißt es: Unser Leben „gleicht einem Dampfwölkchen, das aufsteigt und sich sogleich wieder auflöst" (GN).

Der Mensch ist nur kurz auf der Erde. So wunderbar oder böse wir Menschen auch sein mögen, wir sind nur Menschen. Wir sind heute hier und morgen vielleicht schon nicht mehr. Wir können einander lieben, uns schätzen, ehren, einander vergeben, dienen und uns umeinander kümmern. Wir können aber nicht unsere Identität, unseren Wert oder unser Glück davon abhängig machen, was andere Menschen über uns denken. Wenn wir das tun, geraten wir in eine ständige Berg- und Talfahrt!

Denk daran: Menschen sind nach dem Ebenbild Gottes geschaffen und verdienen Respekt und Ehre. Aber nur Gott zeigt dir das perfekte Spiegelbild. In seinem „Spiegel" bist du jeden Tag geliebt, wertvoll, schön und kostbar – egal, was Menschen über dich denken oder sagen. Verlass dich nicht auf Menschen. Verlass dich auf Gott!

Die Menschen sind wie das Gras, und ihre Schönheit gleicht den Blumen ... Das Gras verdorrt, die Blumen verwelken, aber das Wort unseres Gottes bleibt gültig für immer und ewig.
Jesaja 40,6–8

TAG 2

Gott ist kein Mensch

Du darfst nicht meinen, Gott sei wie ein Mensch!
Er lügt nicht und er ändert niemals seinen Sinn.
Denn alles, was er sagt, das tut er auch.
Verspricht er etwas, hält er es gewiss.
4. Mose 23,19; GN

Menschen ändern andauernd ihre Meinung. Vielleicht erzählt dir ein Junge an einem Tag, dass er dich toll findet und am nächsten Tag findet er das schon nicht mehr. Das ist nicht schön und kann richtig verletzend sein. Aber dir kann das genauso passieren. Auch du änderst deine Meinung. Vielleicht glaubst du, deine beste Freundin für immer und ewig gefunden zu haben, und dann trennen sich doch eure Wege. Oder du änderst vielleicht deinen Berufswunsch oder deine Meinung zum Thema „Kinder bekommen". Das sind ganz normale Prozesse auf dem Weg ins Erwachsenenalter. Aber wenn Menschen ihre Meinung in Sachen Freundschaft und Beziehung ändern, kann das für die Betroffenen sehr schmerzhaft sein.

In der Modelwelt erging es mir leider so. Ich war den Menschen niemals „gut genug". Sie änderten ständig ihre Meinung über mich. So schnell wie gesagt wurde: „Du bist genau das Model, welches wir gesucht haben", so schnell wurde mir gesagt, dass ich doch nicht mehr die Richtige war.

Das Schöne an Gott ist, dass er seine Meinung über uns nicht ändert. Er lügt nicht. Er hält seine Versprechen. Es ist wunderbar, jemanden im Leben zu haben, der dich niemals anlügt und niemals seine Meinung über dich ändert. In Hebräer 6,18 heißt es, dass „Gott nicht lügen kann". Kannst du dir vorstellen, eine Beziehung zu jemandem zu haben, der nicht lügen *kann*? Jemand, der nur in der Lage ist, die Wahrheit zu sagen? So ist die Beziehung zu Gott. Sein Wort ist die Wahrheit, und jeden Tag kannst du neu entscheiden, ob du Menschen definieren lässt, wer du bist oder ob du dies Gott überlässt.

Gott wird dich nie verlassen oder dir den Rücken zukehren. Im Leben mag es Menschen geben, die dir den Rücken kehren, das passiert. Die meisten von uns leiden irgendwann einmal an einem gebrochenen Herzen oder werden enttäuscht. Menschen, so sehr wir sie auch lieben, haben die Freiheit, uns zu verlassen oder ihre Meinung über uns zu ändern.

Aber Gott verlässt uns nicht, er kann uns nicht anlügen und wird uns niemals verlassen. Das ist ein sicherer Halt. Gott liebt dich. Du kannst mit erhobenem Haupt durchs Leben gehen, denn Gott ist auf deiner Seite – für immer!

⟨⟩ ♡ ⟨⟩

Ich, der Herr, ändere mich nicht.
nach Maleachi 3,6

⟨⟩ ♡ ⟨⟩

TAG 3

Der perfekte Märchenprinz?

Alle sind schuldig geworden und haben die Herrlichkeit verloren,
in der Gott den Menschen ursprünglich geschaffen hatte.

Römer 3,23; GN

Dieses *Märchenprinz*-Thema kann ganz schön verwirrend sein! In jedem Märchen ist der Prinz vollkommen. Er ist nicht nur charmant und bezaubernd, sondern auch der Lebensretter für die Prinzessin. Er besiegt den Feind und erfüllt ihr ihre Träume. Gott kann Menschen gebrauchen, um uns zu helfen und uns zu heilen. Aber Gott sagt nie, dass ein Mensch unsere Erlösung ist oder wir bei einem Prinzen Zuflucht suchen sollen. Kein Mensch ist nämlich perfekt, das ist nur Gott. In Psalm 18,31 heißt es: „Gottes Wege sind vollkommen" (NL). Und der Apostel Jakobus sagt uns, dass kein Mensch immer das Richtige tun oder sagen kann. Er schreibt: „Und machen wir nicht alle immer wieder Fehler? ... Aber seine Zunge kann kein Mensch zähmen." (siehe Jakobus 3,2.8). Worte können zerstören und verletzen. Deshalb sollten wir nicht jedem Wort, das Menschen über uns sagen, so viel Gewicht beimessen – egal, ob es gute oder schlechte Worte sind.

Lass dich nicht von Märchen täuschen. Ein wahrer Prinz ist ein Mann, der dich beschützt, ermutigt und dich dazu inspiriert, dich zu deinem vollen Potenzial zu entfalten. Jeder Prinz braucht jedoch auch einen König – und dieser König ist Jesus.

Warte auf einen Jungen, der wie du ein Kind des Königs ist. Mit so einem Prinzen an deiner Seite wird es einfacher sein, sich nach dem auszustrecken, was Gott für dein Leben bereithält. Aber denke daran: Auch wenn der Prinz charmant ist, er wird nie perfekt sein!

Sieh auf Gott und lerne, dich mit seinen Augen zu sehen. Für ihn bist du schön und wertvoll.

Was für ein Gott! Sein Handeln ist vollkommen, und was er sagt, ist wahr. Er beschützt alle, die zu ihm flüchten.
2. Samuel 22,31

TAG 4

Prinz oder feste Burg?

Es ist besser, auf den Herrn zu vertrauen,
als sein Vertrauen auf Menschen zu setzen.
Psalm 118,8; NL

Gott ist es extrem ernst damit, dass nicht „Prinzen" oder andere Menschen unsere Zuflucht sind. So ernst, dass er uns davor sehr eindringlich im Buch Jeremia warnt:

Ich, der Herr, sage: Mein Fluch lastet auf dem, der sich von mir abwendet, seine Hoffnung auf Menschen setzt und nur auf menschliche Kraft vertraut. Er ist wie ein Dornstrauch in der Wüste, der vergeblich auf Regen wartet. Er steht in einem dürren, unfruchtbaren Land, wo niemand wohnt.
Doch ich segne jeden, der mir ganz und gar vertraut. Er ist wie ein Baum, der nah am Bach steht und seine Wurzeln zum Wasser streckt: Die Hitze fürchtet er nicht, denn seine Blätter bleiben grün. Auch wenn ein trockenes Jahr kommt, sorgt er sich nicht, sondern trägt Jahr für Jahr Frucht (Jeremia 17,5–8).

Was für ein krasser Unterschied zwischen denen, die ihr Vertrauen auf Menschen setzen, und denen, die ihr Vertrauen auf Gott setzen! Wer sein Vertrauen auf Menschen setzt, auf dem lastet Gottes „Fluch" wie bei einem Dornbusch in der Wüste, der vergeblich auf Regen wartet. Aber wer sein Vertrauen auf Gott setzt, ist wie ein gesunder Baum, der am Fluss gepflanzt ist. Auch wenn Dürre herrscht, kommt dieser Mensch gut zurecht.

Beziehst du dein Selbstvertrauen und deine Zuversicht von Menschen, die dich mögen, anerkennen und gut finden? Oder beziehst du dein Selbstvertrauen von Gott, der dich immer liebt, egal, was passiert? Es ist natürlich leichter, unser Selbstvertrauen in etwas zu setzen, was wir sehen können, als in Gott, den wir nicht sehen können. Doch wir sollten unbedingt lernen, unser Selbstvertrauen und unsere Zuversicht von Gott zu beziehen, denn er ist unser starker Fels.

Gott warnt uns: Andere Menschen sind keine sicheren Festungen für uns. Nur Gott ist wie eine feste Burg, die Bestand hat. Sie ist eine starke Festung in allen Lebensphasen. Wer seine Hoffnung auf Menschen setzt, wird sich leer und ausgetrocknet fühlen, aber wer seine Hoffnung auf Gott setzt, wird wie ein gesunder Baum blühen. Auf wen setzt du heute deine Zuversicht?

Wie gut ist Gott zu mir! Er gewährt mir Zuflucht und Sicherheit.
Er ist mein Schild, der mich vor Bösem bewahrt.
Psalm 144,2

TAG 5

Ein vergrabener Schatz

Mit der neuen Welt Gottes ist es wie mit einem Kaufmann,
der auf der Suche nach kostbaren Perlen ist.
Er entdeckt eine Perle von unschätzbarem Wert.
Deshalb verkauft er alles, was er hat,
und kauft dafür die Perle.
Matthäus 13,45–46

Weißt du, dass Gott alles, was er hatte, verkauft hat, um dich zu bekommen? Wenn ich an all das denke, was ich habe, dann kommen mir zunächst Besitztümer wie mein Haus, mein Auto und meine Kleidung in den Sinn. Aber wenn mich jemand nach etwas wirklich Wertvollem fragen würde, würde ich sagen, es sind mein Mann und meine Kinder.

Letzten Endes sind die wertvollen Dinge, die wir haben, die Menschen, die wir lieben. Gott hatte *einen* Sohn, den er sehr liebte, dennoch hat er ihn im Tausch gegen *dich* gegeben.

Das Verrückte ist, dass die Welt Jesus nicht als Gottes Sohn anerkannte. Als er Gott einen *Vater* nannte, nannten die Menschen Jesus einen Lügner. Als Jesus zeigte, dass er Gottes Sohn war, indem er auf wundersame Weise einen Gelähmten heilte, ein kleines Mädchen von den Toten auferweckte und Tausende mit wenigen Broten speiste, sank niemand auf die Knie und nannte ihn „König". Stattdessen verwandelte sich die Menschenmenge später in einen wilden Mob, der seinen Tod durch

Kreuzigung forderte. Die Menschen haben Jesus schließlich zu Tode gequält.

Aber was Menschen einen Dreck nennen, nennt Gott eine Perle. Jesus hatte einen so großen Wert, dass jeder, der glaubt, dass er der Sohn Gottes ist, ewiges Leben beim Vater im Himmel haben wird. Wenn du dort hingelangst, wirst du für immer bei ihm sein. Du wirst in einer perfekten, erneuerten Welt leben, in der es keine Tränen mehr gibt!

Jesus sagte einmal: „Ich bin die Auferstehung, und ich bin das Leben. Wer mir vertraut, der wird leben, selbst wenn er stirbt. Und wer lebt und mir vertraut, wird niemals sterben. Glaubst du das?" (Johannes 11,25–26).

Wenn deine Antwort Ja ist, dann gilt für dich, was in Römer 10,9 steht: „Denn wenn du mit deinem Mund bekennst: ‚Jesus ist der Herr!', und wenn du von ganzem Herzen glaubst, dass Gott ihn von den Toten auferweckt hat, dann wirst du gerettet werden."

So einfach ist das. Du kannst Jesus als deinen Herrn annehmen, wo immer du dich gerade befindest. – Du kannst auch einer Freundin dabei helfen, wo immer sie gerade steht!

Der Text in Matthäus 13 erzählt ein Gleichnis: Mit der neuen Welt Gottes ist es wie mit einem Kaufmann auf der Suche nach kostbaren Perlen. Wenn er eine Perle von unschätzbarem Wert findet, verkauft er alles, was hat und kauft dafür die Perle.

Für Gott bist du eine kostbare Perle. Dein himmlischer Vater liebt dich so sehr, dass er alles gab, was er hatte, um dich zu kaufen.

Was antwortest du heute darauf? Wie wird dich diese Wahrheit verändern?

Denn Gott hat die Menschen so sehr geliebt,
dass er seinen einzigen Sohn für sie hergab.
Jeder, der an ihn glaubt, wird nicht zugrunde gehen,
sondern das ewige Leben haben.

Johannes 3,16

TAG 6

Lass das Alte los

Ich ... setzte dir eine prachtvolle Krone auf.
Hesekiel 16,12

Mein Herz tut weh wegen all der leidenden Menschen auf dieser Welt. Ich kann es nicht aushalten, dass es Kinder gibt, die keine Mütter und Väter haben, die sie lieben und sich um sie kümmern. Ich finde es entsetzlich, dass Kinder missbraucht und verlassen werden.

Vielleicht macht mir das auch besonders zu schaffen, weil ich als junges Model Momente des Missbrauchs und der bitteren Einsamkeit erlebt habe. Ich habe grausame Worte gehört und tiefe Ablehnung erfahren. Irgendwann gab es einen Zeitpunkt, an dem ich mich so alleine fühlte, dass ich nur noch sterben wollte.

Doch dann trat Gott auf den Plan. Ich traf Menschen, die Bibeln in Parks verteilten. Ich lernte eine liebevolle Gemeinde kennen. Ich tauchte tief in das Wort Gottes ein und spürte, dass Gott zu mir sagt: „Lebe! Sei mein!" Mir wurde klar, dass ich nicht mein ganzes Leben darauf ausrichten musste, was Menschen von mir denken und dachten. Ganz egal, ob es Kritik oder Lob war. Ich konnte meinen Wert schließlich in Gott finden. Ich konnte eines Tages erkennen, dass es wichtiger war, wie Gott mich sah. Ich entschied mich, dass es okay war, nicht perfekt zu sein. Ab diesem Zeitpunkt konnte ich fehlerhaft sein und doch frei.

Aber lange Zeit trug ich noch Verletzungen mit mir herum, die tief saßen. Bis ins Erwachsenenalter war ich zutiefst wütend auf die Menschen, die mich enttäuscht und abgelehnt hatten. Als ich dies erkannte, bat ich Gott, mir zu helfen, diese Wut loszuwerden. Das tat er auch. Wir räumten mein Herz richtig auf. Gott wusch meine Scham weg, indem er mir half, mir meine schlimmsten Fehler selbst zu vergeben. Er wusch den Schmerz weg, indem er mir half, denen zu vergeben, die mich verletzt hatten. Meine Wut verschwand und Freude konnte in mein Herz einziehen. Mangelnde Vergebungsbereitschaft raubt einem die Freude. Wenn wir anderen nicht vergeben, ist das wie eine Last, die wir auf unserem Rücken tragen. Mit einer schweren Last kann man nicht aufrecht durchs Leben gehen. Dein himmlischer Vater weiß, wie sehr du verletzt worden bist, und bietet dir an, diese Last loszuwerden. Er kann sie für dich tragen. Er ist eh viel stärker als du und er kann mit dem Gewicht deiner Schmerzen umgehen.

Lass das Alte los, bevor der heutige Tag zu Ende geht. Egal, was es ist, Gott trägt und vergibt auch dir, falls du etwas Unrechtes getan hast. Und Gott lässt dich wieder aufrecht stehen und setzt dir die Krone auf, die dir als seine Tochter, als Tochter des Königs, zusteht.

Wenn ihr bereit seid, anderen zu vergeben,
dann wird auch euch vergeben werden.
Lukas 6,37

TAG 7

Ganz besonders geliebt

Der Geliebte des Herrn wird sicher wohnen;
allezeit wird er die Hand über ihm halten und
wird zwischen seinen Höhen wohnen.
5. Mose 33,12; LU

In seinen Briefen nennt sich der Apostel Johannes niemals selbst „Johannes". Stattdessen bezeichnet er sich als „der Lieblingsjünger des Herrn" und den, „den der Herr besonders lieb hatte". Dachte er, dass Jesus ihn mehr liebte als die anderen Jünger? War er nicht vielleicht etwas eingebildet?

Ich denke nicht. Ich denke, er wusste, wie weit, wie tief, wie groß die Liebe von Jesus war – und hatte dies zutiefst verinnerlicht.

Kannst du dir vorstellen, in deinen schwersten Momenten oder auch in ganz alltäglichen Situationen auf den Schoß deines himmlischen Vaters zu klettern, deinen Kopf an seine Brust zu lehnen und dich dort ganz zu entspannen? An diesem Ort bist du geschützt. Du bist dort sicher. Er schützt dich den ganzen Tag.

Gibt es etwas in deinem Leben, was du nicht unter Kontrolle bekommst? Fürchtest du dich vor etwas? Sehnst du dich verzweifelt nach etwas? Dein himmlischer Vater bittet dich, zu ihm zu kommen. Dort kannst du weinen und um das bitten, was du dir wünschst. Dort kannst du du selbst sein, weil du völlig und vollkommen von ihm angenommen bist.

Der Dichter David schrieb einmal: „Nur er [Gott] ist ein schützender Fels und eine sichere Burg" (Psalm 62,3).

Lass ihn deine Burg, dein Ausruhplatz, dein Schutzschild sein. Du bist eine Prinzessin, die sicher in den Armen ihres Vaters ist und von ihm geliebt wird.

Wer Gott ehrt, lebt sicher und geborgen.
Sprüche 14,26

TAG 8

Halte deine Krone fest

Siehe, ich komme bald; halte, was du hast,
dass niemand deine Krone nehme.
Offenbarung 3,11; LU

Ich kann dir nicht von der wunderbaren Krone erzählen, die du als Königstochter trägst, ohne dich auch zu warnen. Es gibt jemanden, der versuchen wird, dir die Krone zu stehlen. Ich spreche vom Teufel. Jesus nannte den Teufel einen Lügner und Dieb. Der Teufel wird dich anlügen und versuchen, dir zu erzählen, dass du nie genügst. Er wird versuchen, dir deine Identität als Tochter Gottes, als Königstochter, zu nehmen. Denk daran, jede Disney-Prinzessin hatte einen Feind, der hinter ihrem Herzen her war. So ähnlich läuft das auch mit dem Teufel.

Wenn er dein Herz brechen kann, dann wird er versuchen, das zu tun. Wenn er dich mit Schuld und Angst füllen kann oder dich von Gott und deiner Familie trennen kann, dann wird er auch das versuchen. Sein Ziel ist es, all das zu verhindern, damit du die Wahrheit über Gott nicht weitererzählen kannst.

Er möchte dir die Krone wegnehmen.

Ich will dir damit keine Angst machen. Ich möchte dich nur warnen, damit du wachsam bist. Dann hat der Teufel nämlich keine Chance! Du kannst deine Autorität als Tochter des Königs nutzen und dem Feind sagen, dass er dich in Ruhe lassen soll. Stelle das Wort Gottes gegen ihn. Jesus hat es genauso gemacht.

Jedes Mal, wenn der Teufel ihn versuchte, dann antwortete Jesus mit einer Wahrheit aus der Bibel. Entscheide dich heute, an deiner Krone festzuhalten. Trage sie mit Stolz und lass sie dir nie von jemand wegnehmen. Deine Identität als Tochter Gottes ist die einzige Identität, die ewig Bestand hat. Sie gibt dir Wert, Schönheit und eine Bedeutung, die für immer und ewig gilt.

Du brauchst keine Angst haben, Jesus hat den Tod und den Teufel überwunden. Diese Macht ist stärker als alles, was der Feind dir entgegensetzen kann.

$$\mathcal{C}\!\sim\!\heartsuit\!\sim\!\mathcal{D}$$

Jesus sagt: Der Dieb kommt, um zu stehlen und zu vernichten.
Ich aber bringe Leben – und dies im Überfluss.
Johannes 10,10

$$\mathcal{C}\!\sim\!\heartsuit\!\sim\!\mathcal{D}$$

TAG 9

Spieglein, Spieglein an der Wand ...

Gott hat etwas aus uns gemacht: Wir sind sein Werk,
durch Jesus Christus neu geschaffen, um Gutes zu tun.
Damit erfüllen wir nur, was Gott schon im Voraus
für uns vorbereitet hat.
Epheser 2,10

In dem Disney-Film „Schneewittchen und die sieben Zwerge" ist die böse Königin fasziniert von ihrem Zauberspiegel.

„Geist meines Zauberspiegels, höre mich!", ruft sie, während sie die Arme ausbreitet und sich die dunkelblauen Flügel ihres Gewandes hinter ihr wölben. „Durch Sturm und Nacht beschwör ich dich: Sprich!" Der Spiegel füllt sich mit Flammen. „Zeig dein Gesicht!", schreit sie.

Hinter schattenhaften Umrissen erscheint eine Maske. „Was wollt ihr wissen, o Königin?"

„Spieglein, Spieglein an der Wand, wer ist die Schönste im ganzen Land?"

„Frau Königin, Ihr seid die Schönste hier", sagt die Maske. „Doch halt, was sehe ich für ein schönes Gesicht, Lumpen verbergen die Anmut nicht. Dies Mädchen ist tausendmal schöner als Ihr ... ihre Haut ist so weiß wie Schnee, ihre Lippen sind so rot wie Blut, und ihr Haar ist so schwarz wie Ebenholz."

„Schneewittchen?" Die Königin ist außer sich vor Wut, ihre bösen Augen springen ihr fast aus dem Kopf. Die böse

Stiefmutter ist so besessen von ihrem Aussehen, dass sie die Schönheit ihrer eigenen Stieftochter nicht ertragen kann. So, wie die Maske in diesem Disney-Film erscheint, stelle ich mir den Teufel vor. Er möchte uns von Gottes Wahrheit abhalten. Wenn er das durch den Spiegel machen kann, dann wird er das versuchen. Er wird versuchen, dich dazu zu bringen, dich so auf dein Aussehen zu konzentrieren, dass du wie die böse Königin das Spiel des ständigen Vergleichens mit anderen Mädchen mitmachst. *Wer ist die Schönste?*, fragt man sich dann zwangsläufig und wird eifersüchtig auf die Schönheit anderer. Der Teufel möchte dich in Eifersucht gefangen halten, denn wenn du eifersüchtig bist, sind deine Kräfte gelähmt. Dann kannst du dich nicht an den Gaben anderer freuen und deine eigenen Gaben entfalten. Der heutige Vers sagt, dass du geschaffen wurdest, um Gutes zu *tun*, nicht, um gut *auszusehen*.

Du bist hier, um die Welt mit dem, was du bist, zu bereichern. Es gibt besondere Dinge an dir, die dich einzigartig machen. Finde heraus, was diese Dinge sind. Entfalte deine Gaben. Verschwende nicht deine Zeit und Energie, indem du eifersüchtig auf andere bist. Finde heraus, worin *du* gut bist, und zögere nicht, wenn du andere loben kannst.

Deine Schönheit wirst du nicht in einem Zauberspiegel sehen. Deine Schönheit liegt darin, wer du im Innern bist und darin, was du für andere sein kannst.

Lass Gottes Gabe voll in dir wirksam werden.
2. Timotheus 1,6

TAG 10

Wogegen kämpfst du?

Denn wir kämpfen nicht gegen Menschen,
sondern gegen Mächte und Gewalten des Bösen.
Epheser 6,12

Wenn du mit deinem Gewicht, deiner Haut oder deiner Gesundheit zu kämpfen hast, dann prüfe, ob du gegen deinen Körper kämpfst.

Uns Frauen passiert es schnell, dass wir nur auf das schauen, was uns unzufrieden macht. Die Brust ist zu klein, die Haut zu pickelig und die Haare führen ein Eigenleben.

Die Welt bringt uns bei, unseren Körper unter Kontrolle zu haben, aber wir können und werden ihn nie voll und ganz kontrollieren können. Wir können jedoch in unserem Körper ruhen, indem wir die Kontrolle *abgeben*. Wenn wir das machen, dann lenken wir die Aufmerksamkeit von uns und von anderen weg und hin auf Gott.

Wenn wir von unserem Körper Perfektion verlangen, dann nimmt uns das viel zu sehr gefangen, und wir können uns nicht auf das konzentrieren, was Gott Schönes in uns hineingelegt hat. Wenn wir unserem Körper erlauben, Fehler zu haben, dann sind wir frei, von innen heraus zu strahlen.

Vertraue Gott deinen Körper an. So kannst du ihm, deinem Schöpfer, dienen. Er wird in seiner Schönheit aus dir heraus strahlen!

Weil ihr Gottes Barmherzigkeit erfahren habt,
fordere ich euch auf, liebe Brüder und Schwestern,
mit eurem ganzen Leben für Gott da zu sein.
Seid ein lebendiges Opfer, das Gott dargebracht wird und
ihm gefällt. Ihm auf diese Weise zu dienen,
ist die angemessene Antwort auf seine Liebe.

Römer 12,1

TAG 11

Von Tag zu Tag erneuert

Wenn auch unsere körperlichen Kräfte aufgezehrt werden,
wird doch das Leben, das Gott uns schenkt,
von Tag zu Tag erneuert.
2. Korinther 4,16

Unser Körper ist die äußere Hülle für unseren Geist. Er ist deshalb wichtig. In der Bibel steht, dass unser Körper „heilig" ist. Das heißt, dass es nicht egal ist, wie du mit deinem Körper umgehst.

Wenn wir in den Spiegel schauen, wollen wir so gut wie möglich aussehen. Deshalb machen wir Sport, ernähren uns gesund und pflegen unsere Haut, Haare und Nägel. Vielleicht benutzen wir auch etwas Schminke, um besonders schöne Gesichtszüge hervorzuheben. Wir können uns auch so kleiden, dass es vorteilhaft für unsere Figur ist. Das ist alles okay; wir müssen unseren Körper nicht vernachlässigen, wenn wir unser Inneres pflegen wollen! Wir dürfen uns aber von der Pflege unseres Äußeren nicht gefangen nehmen lassen. Und wir sollten auch nicht ins andere Extrem fallen: ungesund essen, zu viel essen, Körperpflege vernachlässigen usw. Mit einem solchen Verhalten ignorieren wir, dass unser Körper ein Tempel des Heiligen Geistes ist.

Jeder von uns ist nach Gottes Ebenbild geschaffen. Es gibt viele Möglichkeiten, sich gesund zu ernähren und sich fit zu halten. Wir können uns entscheiden, unseren Körper als Hülle für unser Inneres zu ehren. Dabei dürfen wir nicht vergessen, dass wahre Schönheit von Gott kommt, der in uns wohnt.

Denke immer daran: Das Bild im Spiegel bestimmt nicht deinen Wert. Stell dir eine Frau vor, die eine schöne Figur und langes fließendes Haar hat. Plötzlich bekommt sie Krebs. Wenn sie dann ihre Haare und ihre gute Figur verliert, dann verliert sie keinesfalls auch ihre Schönheit! Ihr Wille, um das Leben zu kämpfen, und ihre Entschlossenheit, sinnvoll zu leben, sind die Qualitäten, die sie auszeichnen. Nicht ihre Haare oder ihre Figur.

Wenn Jesus wiederkommt, werden unsere Körper in einem Augenblick verändert werden – und uns werden neue geistliche Körper geschenkt (siehe 1. Korinther 15,44.51–53). Solange wir auf der Erde sind, werden unsere Körper äußerlich älter werden und am Ende verfallen. Aber innerlich können wir Tag für Tag erneuert werden. Wir können Jesus immer ähnlicher werden, sodass der Geist Gottes in uns jeden Tag heller durch uns hindurchstrahlt.

Wir alle aber stehen mit unverhülltem Gesicht vor Gott und spiegeln seine Herrlichkeit wider. Der Herr verändert uns durch seinen Geist, damit wir ihm immer ähnlicher werden und immer mehr Anteil an seiner Herrlichkeit bekommen.
2. Korinther 3,18

TAG 12

Ein schlechtes Spiegelbild

*Jetzt sehen wir nur ein undeutliches Bild wie in einem
trüben Spiegel. Einmal aber werden wir Gott von Angesicht
zu Angesicht sehen. Jetzt erkenne ich nur Bruchstücke,
doch einmal werde ich alles klar erkennen, so deutlich,
wie Gott mich jetzt schon kennt.*
1. Korinther 13,12

Das Leben auf der Erde ist nur ein Bruchstück von dem, was kommen wird. Wenn Jesus uns in unser himmlisches Zuhause bringt, wird alles perfekt sein. Es wird keinen Schmerz mehr geben, keine Krankheit, keine Tränen, keine zerbrochenen Herzen.

Eines Tages wirst du bei Gott, in einer neuen Welt, sein. Alles wird so gut sein, dass du nichts ändern möchtest. Es wird perfekt sein.

Was gut daran ist: Auch wenn wir jetzt nur einen kleinen Teil dessen sehen, was Gott geplant hat, so weiß er doch schon alles, was kommen wird. Er hat uns geschaffen. Er sieht, wenn wir aufstehen und wenn wir hinfallen. Er kennt uns durch und durch. (Lies mal Psalm 139,13–16!) Gott weiß alles über dich.

Er sieht dich vollständig. Er liebt dich vollkommen. Und eines Tages wirst du ihn auch vollständig erkennen. Also fixiere dich nicht auf das, was du heute siehst. Schau stattdessen auf ihn, auf Gott.

Deshalb lassen wir uns von dem,
was uns zurzeit so sichtbar bedrängt, nicht ablenken,
sondern wir richten unseren Blick auf Gottes neue Welt,
auch wenn sie noch unsichtbar ist.
2. Korinther 4,18

TAG 13

Der göttliche Künstler

Dann betrachtete Gott alles,
was er geschaffen hatte,
und es war sehr gut!
1. Mose 1,31

Gott ist ein großzügiger Geber. Als Erstes gab er uns das Licht. Er machte die Nacht. Er formte den Himmel. Gestaltete den Boden. Er schuf Pflanzen und fruchttragende Bäume und den Himmel mit Sonne, Mond und Sternen. Er füllte alles Wasser mit lebenden Wesen, den Himmel mit Vögeln und das Land mit Tieren. Schließlich schuf er den Menschen nach seinem Ebenbild. Er sollte über die Erde und die Tiere herrschen. Er segnete die Menschen und gab ihnen alles, was sie brauchten.

Genauso wie er den Himmel, das Meer und die Sterne machte, schuf er auch dich. In Psalm 139,13 heißt es, dass seine Augen dich bereits sahen, als du im Bauch deiner Mutter heranwuchst. Noch bevor du deinen ersten Atemzug machtest, schrieb er alle Tage deines Lebens in ein Buch.

Studien zeigen, dass nur zwei Prozent aller Frauen sich schön finden. Warum? Weil sie sich nicht durch die Augen des Schöpfers sehen. Stattdessen sehen sie sich durch die Augen der Medien. Sie vergleichen sich mit den Frauen im Fernsehen oder in den Zeitschriften und sind überzeugt davon, dass sie schlechter aussehen.

Wenn du dir immer wieder klarmachst, dass du „das Werk seiner Hände bist", dann kannst du diese Statistik ändern! Du kannst diejenige sein, die weiß, wer sie ist: das Werk eines großen Künstlers, das Werk Gottes.

Du bist Gottes Qualitätsarbeit, sein Kunstwerk, seine Poesie. Wenn du je ein Gedicht geschrieben, eine Decke gehäkelt oder etwas gebastelt oder gebacken hast, weißt du, dass Kreativität mit viel Hingabe verbunden ist. Als Gott dich schuf, hatte er eine Vision für dich. Er gab sich bis ins kleinste Detail die größte Mühe. Er investierte sein ganzes Herz und seine ganze Seele, um dich zu erschaffen.

Wie wird also dein Lebenslied klingen, das er komponiert hat? Lässt du es erklingen, sodass es andere hören und sich freuen?

$$\mathcal{C}\!\!\sim\!\!\heartsuit\!\!\sim\!\!\mathcal{D}$$

Herr, ich danke dir dafür, dass du mich so wunderbar
und einzigartig gemacht hast! Großartig ist alles,
was du geschaffen hast – das erkenne ich!
Psalm 139,14

$$\mathcal{C}\!\!\sim\!\!\heartsuit\!\!\sim\!\!\mathcal{D}$$

TAG 14

Jesus macht deine Seele satt

Aber er sagte zu ihnen: „Ich habe eine Speise,
von der ihr nichts wisst."
Johannes 4,32

Essstörungen sind kompliziert: Der Körper, die Gedanken und Gefühle stehen miteinander im Konflikt. Hier hilft nur eine große Portion Verständnis und ganz viel Aufmerksamkeit. Gerne würde ich für Mädchen mit Essstörungen ein tolles Abendessen mit anschließender Party veranstalten. Ich würde Jesus zu diesem Abend einladen. Er könnte den Mädchen zeigen: „Leben bedeutet mehr als Essen und Trinken, und der Mensch ist wichtiger als seine Kleidung" (Lukas 12,23). Sie würden sehen, dass Gott uns Essen gab, um es zu genießen.

Sie würden sehen, dass Jesus das Brot des Lebens ist und dass nur er den Hunger ihrer Seele stillt.

Ich habe einen Freund, der meint, dass wir im Himmel nur das Brot und den Wein des Abendmahls zu uns nehmen werden. (Er ist ein treuer Bibelleser.) Ich bin da jedoch anderer Ansicht. Ich glaube, im Himmel wird es Pasta geben, Oliven, Früchte, Gemüsedips, Kuchen, Kaffee, Eis, Erdnussbutter und Schokolade. Es wird eine Party sein, auf der wir alles genießen werden, was man aus Früchten herstellen kann.

In Gottes Gegenwart wird das Verlangen und Sehnen unserer Seele komplett gestillt sein. Frag Jesus einmal: *Was ist dein Wille für mich? Welche Aufgabe hast du für mich?* Die Antworten darauf werden dich satt machen. Gottes Willen zu folgen ist wie Essen für unsere Seele. Den Willen desjenigen zu tun, der uns auf diese Welt geschickt hat, wird uns glücklich machen!

Leben bedeutet mehr als Essen und Trinken,
und der Mensch ist wichtiger als seine Kleidung.
Lukas 12,23

TAG 15

Eine Schutzmauer
für dein Herz

Achte auf deine Gedanken und Gefühle,
denn sie beeinflussen dein ganzes Leben!
Sprüche 4,23

Sein Herz zu bewahren heißt, es als unbezahlbar zu betrachten, als ein Juwel, auf das man achtgeben muss. Dieser Vers sagt nicht, dass wir nur so nebenbei auf unser Herz achten sollen. Es geht hier nicht um einen Wert von ein paar Euro, es geht um einen unbezahlbar hohen Wert. Wir müssen also sehr achtsam auf unser Herz aufpassen.

Es gibt viele gute Möglichkeiten. Achte darauf, was du siehst, hörst, sagst und welchen Dingen du dich aussetzt. Das wird dich nicht bei allen beliebt machen. Es gehört für viele Teenager dazu, Filme zu schauen, die für unter 18-Jährige nicht zugelassen sind, sich aufreizend zu kleiden und sich sexuell auszuprobieren.

Wenn du jemals den Vatikan in Rom besucht hast, dann wirst du die eindrucksvolle Schweizer Garde gesehen haben. Diese Männer tragen Helme mit Federn sowie Speere. Ich wette, sie verstecken noch mehr Waffen unter ihrer bunt gestreiften Tracht ... Die Garde repräsentiert für den Vatikan Sicherheit. Sie soll gewährleisten, dass niemand dem kleinsten Staat der Welt schaden kann.

In deinem Leben bist du der Wächter über dein Herz. Wenn du zu lange Bilder ansiehst, die dir das Gefühl geben, unzulänglich zu sein; wenn du deine Gedanken oder deinen Körper der Sünde aussetzt; wenn du Drogen nimmst oder exzessiv trinkst; wenn du zulässt, dass Eifersucht, Hass oder Bitterkeit in deinem Herzen Wurzeln schlagen, dann bist du kein guter Wächter. Erwarte nicht, dass jemand anderes auf dein Herz achtgibt. Das ist deine Aufgabe. Warum? Weil alles, was du im Leben tust, dein Herz beeinflusst. Deine Beziehungen, deine Freundschaften, deine Arbeit. Einfach alles. Es ist wirklich lohnenswert, dein Herz zu schützen. Mach doch mal eine Liste mit den Dingen, denen du keinen Zutritt in dein Herz erlauben willst – Dinge wie Respektlosigkeit, Grausamkeit, Unehrlichkeit usw. Das wird dir helfen. Denk daran: Du bist der Wächter und es liegt an dir, den Schatz zu bewahren, den du hast und der du bist!

Wer gelassen und ausgeglichen ist, lebt gesund.
Sprüche 14,30

TAG 16

Lüge oder Wahrheit?

Meine Lieben! Glaubt nicht jedem, der behauptet,
dass er Gottes Geist hat. Prüft vielmehr genau,
ob er wirklich von Gottes Geist erfüllt ist.
1. Johannes 4,1

Modebilder sehen immer perfekt aus. Du bist täglich vielen Bildern ausgesetzt, egal, ob du grad auf deiner Lieblingsseite im Internet bist oder durch eine Zeitschrift blätterst. Wir werden täglich mit Bildern zutapeziert. Unbewusst können sie unsere Definition von Schönheit und Wert untergraben.

Ich erinnere dich also noch mal: Nur weil etwas gut aussieht, heißt das nicht, dass es gut *ist*. Gott sagt: *Wie kannst du glauben, dass das, was schlecht ist, gut ist, und das, was gut ist, schlecht ist? Ich bin dagegen, denn es wird dir schaden.*

Falle nicht darauf rein, dass etwas gut *ist*, weil es auf einem Foto gut aussieht. Zeitschriftenbilder von magersüchtigen Models sind *nicht* gut. Der Teufel ist ein Lügner, erinnerst du dich? Wenn er dich dazu bekommt, seinen Lügen zu glauben, dann hat er sein Ziel erreicht.

Übe dich darin, die Wahrheit von Lügen zu unterscheiden. Wenn du durch Zeitschriften blätterst oder auf Facebook, Instagram oder wo auch immer unterwegs bist, dann schau, dass du Gottes wunderbare Wahrheit immer mehr von den Lügen des Teufels unterscheiden kannst.

Ihr werdet die Wahrheit erkennen und
die Wahrheit wird euch freimachen.
Johannes 8,32

TAG 17

Du bist schön

Du bist wunderschön, und der König begehrt dich!
Verneige dich vor ihm,
denn er ist dein Herr und Gebieter!
Psalm 45,12

Dieser Vers wäre eine tolle Überschrift in einer Modezeitschrift, aber du wirst sie niemals in der *Cosmopolitan* oder in der *Vogue* lesen. Stattdessen findest du dort 365 Tipps, wie du „schön" sein kannst.

In der Bibel findest du ebenfalls Schönheitstipps, aber sie haben alle etwas mit dem Herzen zu tun. Bei den meisten geht es um die Worte, die du benutzt, und die Art, wie du Menschen behandelst. In 1. Petrus 3,3–5 heißt es zum Beispiel, dass deine Schönheit aus deinem Inneren kommt und dass du dich mit Freundlichkeit und Güte schmücken sollst.

Das muss nicht still und bescheiden geschehen. Du kannst ausdrucksstark, emotional und chaotisch sein! Die Frauen, die sich in den Evangelien Jesus zu Füßen warfen, waren leidenschaftlich und gar nicht zurückhaltend. Er nannte sie schön, denn ihre Leidenschaft spiegelte ihr Herz wider.

Die Medien definieren Schönheit nicht mit Begriffen wie „Respekt", „Sanftheit", „Weisheit", „Urteilsvermögen" und „Glauben". Aber mit genau diesen Werten beschreibt Gott die Schönheit und er ist dein Vater und dein Schöpfer.

Die Frage an dich ist, ob du den Weg gehen willst, den die Gesellschaft dir vorgibt, oder den Weg, den Gott dir zeigt. Welcher Schönheitsdefinition glaubst und folgst du?

Anmut kann täuschen,
und Schönheit vergeht wie der Wind –
doch wenn eine Frau Gott gehorcht,
verdient sie Lob!
Sprüche 31,30

TAG 18

Du bist ein Tempel

Nehmt nichts aus den heidnischen Tempeln mit!
Und wer die heiligen Gefäße für den Tempel des Herrn trägt,
der soll sich reinigen, damit er sie nicht entweiht.

Jesaja 52,11

Früher war es so, dass die Menschen sich durch ein Opfer und eine bestimmte Waschung von der Sünde reinigen mussten. Als Jesus starb, änderte sich dies. Durch seinen Tod sind wir rein von aller Sünde, sodass du allein durch deinen Glauben in Gottes Gegenwart treten kannst.

Als ich Christ wurde, habe ich meine alten Gewohnheiten nicht sofort alle auf einmal aufgegeben. Ich wurde nicht auf einmal „perfekt" und bin es immer noch nicht. Aber die Sünde wurde für mich bald unbehaglich. Ungesunde Beziehungen und Gewohnheiten wurden mir plötzlich klarer. Ich *wusste*: Diese Dinge standen nicht im Einklang mit Gottes Willen für mich.

Ich befreite mich dann von all diesen Dingen und ließ es zu, dass mich die Beziehung zu Jesus ganz ausfüllte. Je mehr Zeit ich mit anderen Christen und der Bibel zubrachte – und damit, lange Spaziergänge mit Jesus zu machen –, desto weniger hatte ich Sehnsucht nach den Dingen, die diese Welt mir anbietet. Stattdessen sehnte ich mich nun nach ihm.

Ohne Sünde zu leben ist eine Entscheidung. Ja, Jesu Tod am Kreuz befreit uns von der Sünde, aber sich zu entscheiden, wie eine Tochter Gottes zu leben und der Tempel Gottes zu sein, bedeutet genau dies: eine klare Entscheidung zu treffen. Für meinen Mann und mich bedeutete dies zum Beispiel, keinen Sex vor der Ehe zu haben. Ich kenne Frauen, die sich entschieden haben, keinen Alkohol mehr zu trinken – damit sie nicht in Versuchung geraten.

Gibt es Bereiche, in denen du eine Entscheidung treffen musst?

Denkt also daran, dass ihr Gottes Tempel seid und
dass Gottes Geist in euch wohnt.
1. Korinther 3,16

TAG 19

Vergebung ist eine Entscheidung

Euer Vater im Himmel wird euch vergeben,
wenn ihr den Menschen vergebt,
die euch Unrecht getan haben.
Matthäus 6,14

Als ich die Fotos aus meinem Leben als Model verbrannte, mit denen ich schlechte Erfahrungen verband, reinigte mich das von der Bitterkeit, die ich gegenüber den Männern empfand, die für das Foto verantwortlich waren. Etliche Jahre rang ich innerlich auch mit anderen Menschen, die mich verletzt hatten, und mit der Art und Weise, wie ich mich selbst verletzt hatte. Einem nach dem anderen vergab ich dann – Stück für Stück.

Manchmal ist es leichter, mit sichtbarer Sünde fertigzuwerden, wie zum Beispiel Drogenmissbrauch oder exzessivem Fernsehkonsum. Aber Gott hilft uns auch dabei, mit der inneren, unsichtbaren Sünde fertigzuwerden – mit falschen inneren Einstellungen zum Beispiel. Er sieht in die tiefsten Tiefen unseres Herzens und er weiß, wo wir Heilung brauchen.

Wenn wir an Eifersucht, Bitterkeit oder Zorn festhalten, dann sind wir genauso tief in Sünde verwickelt, als wenn wir „sichtbar" sündigen. Gott möchte, dass dein Herz in jeglicher Hinsicht frei wird. Deshalb nimmt er auch Vergebung so ernst.

Es gab eine Zeit in meinem Leben, da empfand ich es als völlig gerechtfertigt, wenn ich einen Menschen, der mich verletzt hatte, verurteilte. Doch dann entschied ich mich eines Tages, meinen Peiniger freizulassen. Vergebung ist nicht einfach, aber es ist eine Entscheidung, die man für seine Seele trifft. Bringe die, die dich beleidigt haben, zu Jesus ans Kreuz. Vergib nicht nur die kleinen Dinge, sondern auch die großen. Setz dich damit auseinander. Lass dich reinigen. So wie dir Gnade geschenkt wurde, sei auch mit anderen gnädig. Dein himmlischer Vater freut sich über deine wachsende Vergebungsbereitschaft, denn dies spiegelt ein Stückchen seiner großen Liebe wider.

Vergib uns unsere Schuld, wie wir denen vergeben,
die uns Unrecht getan haben.
Matthäus 6,12

TAG 20

Heilig

Wenn wir uns im Licht Gottes betrachten, finden wir am besten heraus, wer wir sind. Er ist der Vater; wir sind seine Töchter. Er ist der Schöpfer; wir sind seine Geschöpfe. Er ist heilig, wir auch. Damit er der Herr in unserem Tempel sein kann, schauen wir einmal, was „Heiligkeit" eigentlich bedeutet.

In Römer 12,1–2 drängt uns Paulus dazu, unsere Körper als „ein lebendiges Opfer" darzubringen, „das Gott gefällt", das sei eine angemessene Antwort auf seine Liebe. „Passt euch nicht dieser Welt an, sondern ändert euch, indem ihr euch von Gott völlig neu ausrichten lasst", schreibt er weiter. Diese Welt erzählt Frauen sicherlich nicht, dass sie heilig sind! Schlechte Entlohnung, mangelnde Anerkennung, verzerrte Schönheitsideale, Prostitution und Menschenhandel ... das alles übermittelt eine ganz andere Botschaft.

Doch Gott bittet uns, anders zu sein. Er sagt, dass du ein Ebenbild des heiligen Gottes bist. Heißt das, dass du perfekt sein musst? Nein. Jesus hat all die Auswirkungen unserer Unvollkommenheit am Kreuz getragen. Er ist für unsere Schwächen gestorben.

Aber es bedeutet, dass du höher von dir denken solltest. Du

bist diejenige, die erklärt: *Mein Körper ist heiliger Boden. Der Boden meines Tempels ist mit purem Gold ausgekleidet. Ich werde meinen Körper nicht wie einen Ramschladen behandeln. Ich bin der Tempel Gottes, und keiner wird mir etwas anhaben!* Wenn eine Frau weiß, wer sie durch Jesus ist, dann strahlt sie Stärke und Schönheit aus. Sie ist wunderschön, denn sie zieht ihre Definition für Schönheit nicht aus dem, was die Gesellschaft vorgibt. Sie lebt heilig.

Willst du auch so leben? Bitte Gott, dir Selbstbeherrschung zu geben, dich zu leiten und dir dabei zu helfen, der Sünde zu widerstehen. Triff heute eine Entscheidung und vertrau darauf, dass dir der Heilige Geist hilft.

Passt euch nicht dieser Welt an, sondern ändert euch, indem ihr euch von Gott völlig neu ausrichten lasst.
Römer 12,2

TAG 21

Das Innere nach außen kehren

Da wurde Jesus vor ihren Augen verwandelt:
Sein Gesicht leuchtete wie die Sonne,
und seine Kleider strahlten hell.
Matthäus 17,2

Jesus hatte enge Vertraute. Ihm war es wichtig, manche Dinge geheim zu halten, da er wusste, wann die Wahrheit einen Menschen freimacht und wann sie ihn zerstören würde. Jesus sprach zu großen Menschenmengen und erzählte ihnen Geschichten mit lebensverändernden Wahrheiten. Er reiste gemeinsam mit mindestens zwölf Männern (und wahrscheinlich genauso vielen Frauen) durchs Land. Mit Sicherheit erlebten sie den nahen, privaten Jesus auf eine Weise, wie es die große Masse nie erlebte. In einigen seiner intensivsten Momente bat er seine engsten Vertrauten, seine besten Freunde, ihn zu begleiten.

In Matthäus 17 nimmt Jesus Petrus, Jakobus und Johannes auf einen hohen Berg mit. Sie treffen Mose und Elia. Als diese sechs Menschen dort sind, spricht Gott zu ihnen. Die Jünger verstehen nicht, was passiert. Sie sind einfach dabei, als Jesus sein wahres Inneres zeigt und eine strahlende Herrlichkeit von ihm ausgeht. Genau vor ihren Augen verwandelt er sich von einem normal aussehenden Mann in eine engelhafte Gestalt, die so hell wie die Sonne strahlt. Seine Kleidung wird so weiß, wie es kein Bleichmittel der Welt je hinbekäme.

Jeder braucht einen Mose und einen Elia – ein paar Menschen also, die einen in- und auswendig kennen, die vielleicht etwas erfahrener sind und mit denen man offen über Privates sprechen kann. Und jeder sollte Freunde wie Petrus, Jakobus und Johannes haben, Menschen, die mit einem unterwegs sind durch die Höhen und Tiefen des Lebens.

Jesus zeigte sein wahres Gesicht nicht jedem, sondern nur ein paar Auserwählten. Wer kennt dein wahres Inneres? Wer kennt dein wahres Selbst? Wer sind dein „Mose" und „Elia"? Dein „Petrus", „Jakobus" und „Johannes"? Triff dich regelmäßig mit solchen Freundinnen oder Freunden. Versuch nicht, deinen Weg mit Jesus allein zu gehen. Du brauchst Weggenossen auf deiner Reise. Wähle deine Freunde weise aus. Es wird Zeiten geben, in denen du sie brauchst, damit sie mit dir lachen, mit dir weinen oder für dich beten. Wenn ihr zusammen seid, wird Gott bei euch sein und ihr werdet seine Stimme hören.

Denn wo zwei oder drei in meinem Namen
zusammenkommen, bin ich in ihrer Mitte.
Matthäus 18,20

TAG 22

Weiß getünchte Gräber

Er war weder stattlich noch schön.
Nein, wir fanden ihn unansehnlich, er gefiel uns nicht! ...
Doch er ... wurde für uns bestraft – und wir?
Wir haben nun Frieden mit Gott!
Jesaja 53,2+5

Gott erhöhte Jesus nicht aufgrund seines tollen Aussehens oder seines außerordentlichen Talents. Es heißt in Jesaja 53,2–3 sogar, dass er äußerlich nicht weiter herausstach. Er war weder „stattlich" noch „schön", sodass man sofort auf ihn aufmerksam wurde. Im Gegenteil: Er wurde verachtet und von allen gemieden. Doch Gott schaute auf das Herz – und das Herz von Jesus war außerordentlich schön.

Satan hingegen sah äußerlich schön aus, war aber innerlich hässlich. In Hesekiel 28,12 wird seine Schönheit als „beispiellos" und seine Weisheit als „vollkommen" beschrieben. Aber sein Herz wurde aufgrund seiner Schönheit stolz. Er wollte nicht, dass die Menschen Gott anbeteten. Er wollte, dass die Menschen stattdessen ihn anbeten.

Gott wollte das alles nicht. Als Gott den Körper seines Sohnes am Kreuz zerschlug, zerschlug er auch für immer die Macht Satans. Er wird eines Tages ein furchtbares Ende nehmen und dann nicht mehr existieren.

Wenn Jesus auf religiöse Menschen traf, die sich als gerecht

ausgaben, aber deren Herzen böse waren, nannte er sie „weiß
getünchte Gräber", die außen zwar gut aussehen, aber innen
voller Tod und Verderben waren. Wenn etwas äußerlich hübsch aussieht, wird es vielleicht
von den Leuten bewundert. Aber Gott sieht auf das Herz.
Ist dein Herz gut? Überlege einmal für dich: Wenn du Gutes
tust, tust du es dann nur, um gut dazustehen und Anerkennung
zu bekommen, oder einfach, weil du einem anderen guttun
willst?

Jesus war in seinem Inneren schön. Alles, was er tat, tat er mit
einem guten Herzen.

Ein Mensch sieht, was vor Augen ist;
der Herr aber sieht das Herz an.

1. Samuel 16,7

TAG 23

Ohne Maske

Wo der Geist des Herrn ist,
da ist Freiheit.
2. Korinther 3,17

Es schadet uns, wenn wir unseren Schmerz hinter einer Maske verstecken. Frauen und Mädchen, die ihre verletzenden Erfahrungen verdrängen, wenden sich häufig gegen sich selbst oder gegen andere. Die Wahrheit im dunkelsten Inneren seines Herzens zu verbergen, ist ungesund!

Jahre, nachdem ich die Modelbranche verlassen hatte, schrieb ich meine Erfahrungen auf. Aber ich tat dabei so, als hätte ich die Geschichte erfunden. Das Wort „ich" verwendete ich nicht, damit nicht herauskam, dass ich diejenige war, die in dieser Geschichte all diese Probleme gehabt hatte.

Als ich schließlich zugab, dass ich das Mädchen in der Geschichte war, musste ich lernen, mit dem Schmerz umzugehen, den ich durchgemacht hatte. In der Bibel erfahren wir, dass wir ganz echt und unverhüllt zu Jesus kommen können. Wenn wir unsere Herzen vor ihm öffnen, dann ist Gottes Geist bei uns und wir sind frei. Frei, um verwundbar zu sein. Frei, um zu fragen. Frei, um ehrlich, echt und unzensiert zu sprechen.

Wenn wir bereit sind, ehrlich über Verletzungen zu sprechen, die andere uns zugefügt und die wir anderen zugefügt haben, dann wird Gott unsere Erfahrung in etwas verwandeln, das uns stärkt. Jesus fühlt mit uns. Er vergibt gern und wird unseren Schmerz in etwas Gutes verwandeln.

Je mehr du dich ohne Maske vor Gott zeigst, desto mehr wirst du von ihm berührt und verändert werden. Sei ehrlich. Sei echt. Tritt vor ihn. Lass dich verändern!

Du aber bist ein Gott, der vergibt,
du bist gnädig und barmherzig,
deine Geduld ist nie zu Ende,
deine Liebe ist grenzenlos.
Nehemia 9,17

TAG 24

Wie Sterne in der Nacht

Ihr werdet als Gottes vorbildliche Kinder
mitten in dieser verdorbenen und dunklen Welt leuchten
wie Sterne in der Nacht.
Philipper 2,15

Ich kenne eine ganz besondere junge Frau. Sie ist wie ein aufgehender Stern. Mit ihrem unglaublichen musischen Talent hat sie es bis an die Spitze der Fernsehshow „American Idol" geschafft. Es war für sie eine aufregende Reise, auf der sie einige Kämpfe zu bestehen hatte. Die Stars rieten ihr, sich aufreizender anzuziehen. *Es würde so viel leichter sein, wenn ich mich einfach sexy anziehen würde,* dachte auch sie schließlich. Doch sie machte keine Kompromisse in ihrem Glauben an Jesus und blieb ihren Werten treu. Ich bin stolz auf sie. Sie ist ein wahrer Star, da sie die Liebe Jesu durch sich leuchten ließ und sich davon nicht abbringen ließ.

Wer ist in Gottes Augen ein Star? Ganz einfach: Jeder, der durch ihn leuchtet, indem er sein Leben auf ihn ausrichtet.

Wir müssen uns entscheiden, ob wir nach dem Starbegriff dieser Welt leben wollen oder nach Gottes Definition eines Stars.

In Daniel 12,3 heißt es: „Die Weisen und Verständigen aber werden leuchten wie die Sonne am Himmel. Und diejenigen, die vielen Menschen den richtigen Weg gezeigt haben, leuchten für immer und ewig wie die Sterne." Für immer und ewig! Das bedeutet, dass wir kein Sternchen sind, das nur kurze Zeit Bedeutung hat.

Möchtest du ewig leuchten? Dann sei weise. Triff gute Entscheidungen, auch dann wenn keiner außer Gott hinsieht. Geh mit gutem Beispiel voran und führe andere zur Wahrheit. So wirst du leuchten und dein Licht wird für immer strahlen.

Wer zum Herrn aufschaut, der strahlt vor Freude,
und sein Vertrauen wird nie enttäuscht.
Psalm 34,6

TAG 25

Ordne dich unter

Ich musste auf die harte Tour lernen, dass es nicht gut ist, wegen allem zu diskutieren und sich durchsetzen zu wollen. Ich ging immer davon aus, dass meine Meinung automatisch die richtige war. Eines Tages sagte mir eine enge Freundin, deren Rat ich gerne hörte, dass ich ein Problem hätte. Ich würde meine Ansichten immer über die der anderen stellen. Autsch, das tat weh! Aber sie hatte recht. Das war in der Tat so. Ich dachte immer, ich wüsste es besser, doch ich lag falsch.

Wovon ist dein Handeln bestimmt? Achtest du das, was deine Eltern, Lehrer, Jugendmitarbeiter oder Freunde dir sagen? Begegnest du ihnen freundlich?

Sie haben vielleicht nicht immer recht, aber Gott freut es, wenn du ihrem Rat und ihren Vorschlägen gegenüber offen bist. Wusstest du, dass das Gebot, die Eltern zu ehren, ein Versprechen enthält? „Ehre deinen Vater und deine Mutter, dann wirst du lange in dem Land leben, das ich, der Herr, dein Gott, dir gebe." Glaubst du, dass Schönheit von innen heraus kommt? Hinsichtlich welcher Charaktereigenschaft möchte Gott, dass du noch schöner wirst? Streitest du vielleicht gerne oder bist du stur, wenn du nicht deinen Willen durchsetzen kannst? Wirst du schnell ungeduldig und zornig? Bitte Gott, dir diese Dinge zu zeigen, damit du all das sein kannst, wozu er dich geschaffen hat.

Nicht der äußerliche Schmuck –
wie kunstvolle Frisuren, goldene Ketten oder
aufwendige Kleidung – soll für euch Frauen wichtig sein.
Eure Schönheit soll von innen kommen!
Schmückt euch mit Unvergänglichem wie
Freundlichkeit und Güte. Das gefällt Gott.
1. Petrus 3,3–5

TAG 26

Ihr seid das Licht

Ihr seid das Licht, das die Welt erhellt. Eine Stadt,
die hoch auf dem Berg liegt, kann nicht verborgen bleiben.
Man zündet ja auch keine Öllampe an und
stellt sie unter einen Eimer. Im Gegenteil: Man stellt sie so auf,
dass sie allen im Haus Licht gibt. Genauso soll euer Licht
vor allen Menschen leuchten. Sie werden eure guten Taten sehen
und euren Vater im Himmel dafür loben.
Matthäus 5,14–16

Licht macht ein Haus hell und einladend. Jesus spricht von zwei Lichtern: von dem Licht im Haus, also einem „privaten Licht", und dem Licht für alle Menschen, also einem „öffentlichen Licht". Das öffentliche Licht soll für alle zu sehen sein, wie eine Stadt auf einem Berg. Wenn du in der Schule, deiner Gemeinde oder im Supermarkt bist, sollen die Menschen durch das Licht von Jesus, das aus dir strahlt, angezogen werden. Sie sollen sehen, dass etwas an dir anders ist. Vielleicht sehen sie ja Liebe, Hoffnung, Glaube oder Freundlichkeit in dir. Oder alles zusammen. Das wäre genial.

Aber wir sind nicht nur in der Öffentlichkeit Licht, sondern auch im Privaten, in unserer Familie. Meine Familie hat einige Jahre wirklich harte Zeiten durchgemacht. Wir haben viel gelitten. In dieser Zeit gab es etliche Tage, in denen ich zwar eine „Stadt auf einem Berg" war, also für die Öffentlichkeit hell leuchtete, aber keine „helle Lampe" für meine Familie war. Ich konnte nach draußen gehen, meine Gedanken mitteilen, aus der Bibel erzählen … das war leicht für mich! Doch dann ging ich nach Hause, zog einen Eimer über meinen Kopf und blendete mein Licht völlig aus. Wenn das passiert, dann verlieren wir jegliche Freude. Wir sind die Lampe in unserem Zuhause. Wir dürfen uns von den äußeren Umständen nicht abhalten lassen zu leuchten. Dafür müssen wir immer wieder auf Jesus blicken. Kämpfst du gerade mit Umständen, die jenseits deiner Kontrolle liegen? Gibt es Dinge in deinem Leben, von denen du dir wünschtest, du könntest sie ändern? Hör auf, auf deine Umstände zu schauen. Schau auf Gott. Richte deine Augen ganz auf ihn. Er wird für dich leuchten, sodass du wieder sein Licht widerspiegeln kannst, wo immer du gerade bist.

*Dabei wollen wir nicht nach links oder rechts schauen,
sondern allein auf Jesus. Er hat uns den Glauben geschenkt und
wird ihn bewahren, bis wir am Ziel sind … Jetzt hat er als Sieger
den Platz an der rechten Seite Gottes eingenommen.*
Hebräer 12,2

TAG 27

Leben im Überfluss

Der Dieb kommt, um zu stehlen, zu schlachten und zu vernichten.
Ich aber bringe Leben – und dies im Überfluss.
Johannes 10,10

Jesus bezeichnet den Teufel nicht nur als Schlange, Lügner und Mörder, sondern auch als Dieb. Die Absichten des Teufels sind: stehlen, töten und vernichten. Das sind harte Worte. Lass dich dadurch nicht erschrecken. Durch Jesus bist du stärker als der Teufel! Jesus ist gestorben und wieder zum Leben erweckt worden. Damit hat er den Tod besiegt. Mehr Stärke geht nicht.

Aber du musst wachsam sein und die Tricks des Teufels kennen. Er möchte dir ganz viel stehlen: deine Zeit, deine Konzentration, deine Energie, deinen Einfluss, deinen Wert. Er will dich dazu bringen, dass du unzufrieden wirst, indem du dich mit anderen vergleichst. Indem er dir einflüstert, dass falsche Dinge (wie Drogen) gut für dich sind. Er möchte dich auf Abwege führen, damit du nicht das Leben führst, das Jesus für dich gedacht hat. Warum? Weil du nach dem Bilde Gottes geschaffen bist, und er wahnsinnig wütend auf Gott ist. Gott hat ihn aus dem Himmel geworfen und wird ihn nicht wieder hereinlassen. Im Gegensatz zu uns. Durch Jesu Tod haben wir freien Eintritt in den Himmel.

Ich möchte, dass dir bewusst ist, dass der Teufel alles dransetzt, um die Stimme Gottes zu übertönen, deinen Fokus zu sehr auf dich selbst zu richten und dich von der Entwicklung deiner Talente und Gaben wegzuziehen. Und ich möchte, dass du weißt, dass Jesus kam, um dir überfließendes Leben zu geben – Leben im Überfluss. Er möchte dir alle deine Herzenswünsche erfüllen, solange sie mit dem im Einklang stehen, was gut für dich ist. Vertraue Jesus dein Leben an.

Höre seiner Stimme zu, die dich lehrt, dein Leben so zu führen wie ein Fahrzeug, das dich zum Ziel deiner Herzenswünsche fährt.

Freue dich über den Herrn; er wird dir alles geben, was du dir von Herzen wünschst.

Psalm 37,4

TAG 28

Echte Begegnungen

Petrus sagte: „Schau uns an!"
Apostelgeschichte 3,4

Es ist schön, einander in die Augen zu schauen. Blicke können jedoch auch verletzen. Es ist schön, gesehen zu werden. Angestarrt zu werden wiederum weniger. Übersehen zu werden tut auch weh. Jeder hat das Bedürfnis, gesehen, gehört, gekannt und geliebt zu werden. Jeder sehnt sich nach einem Platz, wo er hingehört. Doch es ist nicht gut, dieses Bedürfnis durch Menschen stillen zu wollen. Kennst du das? Du machst das Handy an, um zu schauen, ob jemand auf deine WhatsApp geantwortet, deinen Post geliked, deinen Blogeintrag gelesen hat oder deine Idee gut findet. Warum sind wir so sehr danach aus, von anderen eine Reaktion zu bekommen? Weil wir alle gesehen und gehört werden wollen.

In Apostelgeschichte 3,1–10 trifft ein Bettler auf Petrus und Johannes. Er war von Geburt an gelähmt und ich glaube, er verbrachte sein Leben damit, zu beobachten, wie Menschen an ihm vorbeieilten oder ein paar Münzen in seinen Hut warfen. Ich wette, er fühlte sich so, als sei er unsichtbar. Zerbrochen. Er sehnte sich nach etwas, das ihn füllte. Als Petrus und Johannes ihn sahen, blickten sie ihn direkt an und sagten zu ihm: „Schau uns an!" Sie waren voll und ganz bei ihm. Und dann schenkten sie ihm Jesus, die einzige Sache auf der ganzen Erde, die ihn füllen und heilen würde. Sie berührten ihn und er wurde auf wundersame Weise geheilt.

Ich war früher ein wenig wie dieser Bettler. Ich suchte nach etwas, das meinen Hut füllen würde. Heute bin ich wie Petrus und Johannes. Ich bin geheilt und sehe mich nach Menschen um, die wie dieser Bettler sind. Und ich hoffe, dass ich sie nicht verpasse, weil ich gerade auf mein Smartphone schaue. Ich hoffe, dass du Menschen um dich herum auch nicht verpasst. Bei persönlichen Begegnungen geschieht echtes Leben – Dinge, die Leben verändern und Herzen heilen.

Ich will den Herrn loben und nie vergessen,
wie viel Gutes er mir getan hat. Ja, er vergibt mir
meine ganze Schuld und heilt mich von allen Krankheiten!
Er bewahrt mich vor dem sicheren Tod und
schenkt mir das Leben neu. Seine Liebe und Güte umgeben mich
allezeit. Mein Leben lang gibt er mir Gutes im Überfluss,
darum fühle ich mich jung und stark wie ein Adler.
Psalm 103,2–5

TAG 29

Unter dem Schutz Gottes

Denn Gott hat seine Engel ausgesandt,
damit sie dich schützen, wohin du auch gehst.

Psalm 91,11

Manchmal bekomme ich richtig Angst, mache mir Sorgen und werde von Zweifeln gepackt. Wir können eben nicht sehen, was hinter der nächsten Wegbiegung liegt. Und die Angst vor dem Unbekannten hat die Macht, uns zu Boden zu werfen.

In einem meiner Träume wurde ich einmal am Hals gepackt; irgendetwas wollte mich erwürgen. Dieses Etwas wollte mir die Sprache und zugleich den Atem nehmen.

„Jesus!", versuchte ich im Traum immer wieder zu rufen. „Jesus!" Aber ich bekam keinen Ton raus. Ich versuchte es noch einmal und noch einmal, bis ich seinen Namen endlich aussprechen konnte. Dieses Etwas hörte sofort auf, mich zu würgen.

Der Name Jesus hat Macht. Wenn das Böse den Namen „Jesus" hört, dann haut es ab. Das Böse kennt Gottes Namen und zittert vor ihm. Wenn wir wissen, dass wir Gottes Töchter sind und zu ihm gehören, dann haben wir keinen Grund, uns zu fürchten. Gott wird uns retten. Er wird für uns sorgen. Er wird sich um uns kümmern. Er wird uns nie verlassen oder uns den Rücken zukehren.

Seine Liebe hört niemals auf. Er liebt uns mit einer immerwährenden Liebe. „Berge mögen einstürzen und Hügel wanken, aber meine Liebe zu dir wird nie erschüttert. und mein Friedensbund mit dir wird niemals wanken. Das verspreche ich, der Herr, der dich liebt!" (Jesaja 54,10).

Er sagt: *Du bist meine geliebte Tochter und ich bin ganz begeistert von dir. Ich habe dich auserwählt. Einst lebte ich in Tempeln, aber jetzt wohne ich in dir. Du bist mein Tempel. Der Allerhöchste, der König der Könige, lebt in dir. Also fürchte dich nicht, meine geliebte Tochter. Ich bin immer bei dir, bis zum Ende der Zeiten. Ich halte dich in meiner Hand und aus dieser wirst du nie rausfallen. Und wenn du mal stolperst, werde ich dich immer wieder auffangen!*

Wer unter dem Schutz des Höchsten wohnt, der kann bei ihm, dem Allmächtigen. Ruhe finden.
Psalm 91,1

TAG 30

Unendlich viel Freude

Ich möchte euch aber ein Geheimnis anvertrauen:
Wir werden nicht alle sterben, aber Gott wird uns alle
verwandeln. Das wird ganz plötzlich geschehen,
von einem Augenblick zum anderen,
wenn die Posaune das Ende ankündigt.
1. Korinther 15,51–52

Als ich meinen Traum vom Himmel hatte, sah ich viele wunderbare Dinge: Jesus; eine riesige, wunderschöne Wiese; unsere ganze Familie, die zusammen mit unseren Hunden über die Wiese lief. Während des gesamten Traums spürte ich eine tiefe Freude. Sie war einfach übersprudelnd! Es war ein Segen. Es gab keine Schmerzen mehr und ich sehnte mich überhaupt nicht danach, dass irgendetwas anders sein sollte. Es gab nur Freude und tiefe Zufriedenheit.

Wenn Jesus sich selbst als das Brot und Wasser des Lebens bezeichnet und uns das Leben im Überfluss verspricht, dann meint er das auch so. Wenn er eines Tages wiederkommt, dann werden wir sofort wissen, dass er es ist. Er wird auf einem weißen Pferd reiten und seine Gemeinde zu sich holen – dich und mich und alle Gläubigen. Von einem Augenblick zum anderen werden wir verwandelt werden.

Jetzt schon beginnt die Zeit, in der Jesus alles neu machen wird und alle Dinge heil werden. Aber dann, im Himmel, wird es noch viel schöner werden, als du dir jetzt vorstellen kannst. Es wird keine Fehler mehr geben, keine Angst, kein Schmerz, kein Versagen. Nur unendlich viel Freude. Wir werden uns dort sehen!

Deine Augen werden den König in seiner Schönheit sehen; du wirst ein weites Land erblicken.

Jesaja 33,17; NL

MIX
Papier aus verantwor-
tungsvollen Quellen
FSC
www.fsc.org   FSC® C014496

Die amerikanische Originalausgabe erschien im Verlag Harvest House Publishers
unter dem Titel „More Beautiful Than You Know"
© 2014 by Jennifer Strickland Ministries Inc.
© der deutschen Ausgabe 2017 Gerth Medien GmbH, Dillerberg 1, 35614 Asslar

Die Bibelzitate wurden, wenn nicht anders angegeben,
folgender Übersetzung entnommen:
Hoffnung für alle®, Copyright © 1983, 1996, 2002 by Biblica, Inc.®.
Verwendet mit freundlicher Genehmigung von fontis – Brunnen Basel
Außerdem wurde aus folgenden Übersetzungen zitiert:
Lutherbibel, revidierter Text 1984, durchgesehene Ausgabe in neuer
Rechtschreibung © 1999 Deutsche Bibelgesellschaft, Stuttgart (LU)
Neues Leben, © 2002, 2006 Hänssler Verlag im SCM-Verlag GmbH & Co. KG,
Holzgerlingen (NL)

1. Auflage 2017
Bestell-Nr. 817205
ISBN 978-3-95734-205-8

Umschlaggestaltung: Hanni Plato unter Verwendung von Shutterstock
Lektorat: Vanessa Weirich, Verena Keil
Satz: Greiner & Reichel, Köln
Druck und Verarbeitung: GGP Media GmbH, Pößneck
Printed in Germany

www.gerth.de